Linda Ueckeroth

Partnergewalt gegen Frauen und deren Gewaltbewältigung

Gender and Diversity

Herausgegeben von
Prof. Dr. Marianne Kosmann, Prof. Dr. Katja Nowacki
und Prof. Dr. Ahmet Toprak, alle Fachhochschule Dortmund

Band 16

Linda Ueckeroth

Partnergewalt gegen Frauen und deren Gewaltbewältigung

Centaurus Verlag & Media UG

Über die Autorin
Linda Ueckeroth ist staatlich anerkannte Sozialarbeiterin/Sozialpädagogin. Vor ihrem Studium hat sie eine Ausbildung zur staatlich geprüften Gymnastiklehrerin gemacht. Sie absolvierte ihr Praxissemester in einem Frauenhaus und hat ein weiteres Praktikum in einem Betreuungsbüro gemacht. Daneben hat sie während ihres Studiums diverse Gymnastik- und Rehasportkurse geleitet. Aktuell arbeitet sie in einem Kinder- und Jugendhilfezentrum als Sozialpädagogin.

Bibliografische Informationen der Deutschen Nationalbibliothek
Die Deutsche Nationalbibliothek verzeichnet diese Publikation in der Deutschen Nationalbibliografie; detaillierte bibliografische Daten sind im Internet über http://dnb.d-nb.de abrufbar.

Gedruckt auf säurefreiem und chlorfrei gebleichtem Papier.

ISBN 978-3-86226-269-4   ISBN 978-3-86226-848-1 (eBook)
DOI 10.1007/978-3-86226-848-1

ISSN 2192-2713

Alle Rechte, insbesondere das Recht der Vervielfältigung und Verbreitung sowie der Übersetzung, vorbehalten. Kein Teil des Werkes darf in irgendeiner Form (durch Fotokopie, Mikrofilm oder ein anderes Verfahren) ohne schriftliche Genehmigung des Verlages reproduziert oder unter Verwendung elektronischer Systeme verarbeitet, vervielfältigt oder verbreitet werden.

© Centaurus Verlag & Media UG (haftungsbeschränkt), Herbolzheim 2014
www.centaurus-verlag.de

Umschlaggestaltung: Jasmin Morgenthaler, Visuelle Kommunikation
Umschlagabbildung: Kamira: Black and white image of a girl with her hand extended signaling to stop useful to campaign against violence, gender or sexual discrimination (image focused on her hands). www.shutterstock.com
Satz: Vorlage der Autorin

Inhaltsverzeichnis

ABBILDUNGSVERZEICHNIS	**VIII**
ABSTRACT	**9**
EINLEITUNG	**11**
1 PARTNERGEWALT GEGEN FRAUEN	**17**
1.1 Gewaltbegriff	17
1.2 Begriffsbestimmung „Häusliche Gewalt" und „Partnergewalt gegen Frauen"	20
1.3 Formen von Partnergewalt gegen Frauen	22
1.3.1 Psychische Gewalt	22
1.3.2 Physische Gewalt	23
1.3.3 Sexualisierte Gewalt	24
1.3.4 Ökonomische Gewalt	24
1.3.5 Soziale Gewalt	25
1.4 Ausgewählte erklärungstheoretische Ansätze von Partnergewalt	25
1.4.1 Feministische und patriarchatskritische Erklärungsansätze	25
1.4.2 Lerntheoretische Erklärungsansätze	27
1.4.3 Ressourcentheorie	29
1.4.4 Stress- und Bewältigungstheorie	30
1.5 Erklärungsansätze weiblicher Gewalterduldung	31
1.5.1 Verantwortungs- und Qualitätsübernahme für die Partnerschaft	31
1.5.2 The battered woman syndrome – Cycle of Violence	32
1.5.3 Vier Muster: Frauen in Gewaltbeziehungen	35
1.5.4 Beendigung der Gewalterduldung	36
1.6 Folgen von Partnergewalt gegen Frauen	37
1.6.1 Physische Folgen von Gewalt	37
1.6.2 Psychische Folgen von Gewalt	39
1.6.3 Psychosoziale Folgen von Gewalt	40
1.6.4 Substanzmittelkonsum	41
1.7 Prävalenzen von Partnergewalt gegen Frauen	42
1.8 Gesellschaftliche Präsenz der Problematik Partnergewalt gegen Frauen	44
1.9 Zusammenfassung	47

2 GEWALTBEWÄLTIGUNG VON PARTNERGEWALT BETROFFENER FRAUEN 49
2.1 Bewältigung 49
   2.1.1 Begriffsbestimmung Bewältigung 49
   2.1.2 Ausgewählte Bewältigungsmodelle 52
   2.1.3 Weitere und konkretere Inhalte von Bewältigung 55
   2.1.4 Bewältigungsressourcen 59
   2.1.5 Wahl der Bewältigungsform und Bewältigungseffekte 61
   2.1.6 Strategie versus Emotion 62
2.2 Gewaltbewältigung von Partnergewalt betroffener Frauen 64
   2.2.1 Bewältigungsstrategien nach Gemünden (1996) 64
   2.2.2 Bewältigungsstrategien nach Dutton (2002) 66
   2.2.3 Bewältigungsreaktionen nach Müller und Schröttle (2004) 69
2.3 Gewaltbewältigung während eines Frauenhausaufenthaltes 71
   2.3.1 Beratung und Angebote 71
   2.3.2 Selbstorganisation und Zusammenleben 74
   2.3.3 Erfahrungsaustausch und Unterstützung zwischen den Bewohnerinnen 76
2.4 Zusammenfassung 77

3 METHODOLOGIE ZUR EMPIRIE 79
3.1 Theorie qualitativer Sozialforschung 79
3.2 Datenerhebung und Datenvorbereitung 81
   3.2.1 Theorie des qualitativen Interviews 81
   3.2.2 Theorie des Experteninterviews und Beschreibung der Interviewteilnehmerinnen 83
   3.2.3 Fallauswahl 85
   3.2.4 Vorbereitung, Durchführung und Nachbereitung der Interviews 86
3.3 Datenaufbereitung 88
   3.3.1 Transkription 88
   3.3.2 Datenauswertung 89
3.4 Zusammenfassung 92

4 GEWALTBEWÄLTIGUNG INNERHALB DER PARTNERSCHAFT 93
4.1 Formen der Gewaltbewältigung 93
   4.1.1 Aktivere Gewaltbewältigung 93
   4.1.2 Passivere Gewaltbewältigung 103
4.2 Abhängigkeit der Gewaltbewältigungsformen 108
   4.2.1 Lernen in der Herkunftsfamilie 108

4.2.2 Institutionelle Bildung	108
4.2.3 Vorhandene Möglichkeiten an Lösungsschritten	109
4.2.4 Erfahrungen	110
4.2.5 Gleichberechtigung und Geschlechterrollen	110
4.2.6 Situationsabhängigkeit und Tagesverfassung	111
4.3 Ziele der Gewaltbewältigung	111
4.3.1 Schutz der eigenen Person und Schutz der Kinder	111
4.3.2 Beendigung und Reduktion der Gewalt	112
4.3.3 Sicherung des Überlebens	112
4.4 Gewaltbewältigungsressourcen und negative Beeinflussung der Gewaltbewältigung	113
4.4.1 Gewaltbewältigungsressourcen	113
4.4.2 Negative Beeinflussung der Gewaltbewältigung	116
4.5 Zusammenfassung	117
5 GEWALTBEWÄLTIGUNG WÄHREND UND NACH EINEM FRAUENHAUSAUFENTHALT	**119**
5.1 Individualität und Wirkung der Gewaltbewältigung während eines Frauenhausaufenthaltes	119
5.2 Formen der Gewaltbewältigung während eines Frauenhausaufenthaltes	120
5.2.1 Aktivere Gewaltbewältigung	120
5.2.2 Passivere Gewaltbewältigung	123
5.3 Verbleib und Lebensverlauf nach einem Frauenhausaufenthalt	127
5.3.1 Ehemaligenarbeit	127
5.3.2 Wiederaufnahme der Partnerschaft	127
5.3.3 Neue Partnerschaft	128
5.4 Zusammenfassung	129
FAZIT	**131**
LITERATURVERZEICHNIS	**141**
ANHANG	**157**
Interviewleitfragen	157

Abbildungsverzeichnis

Abbildung 1: Typical Cycle of Violence   34

Abbildung 2: Verletzungsfolgen von Frauen nach körperlichen Gewalthandlungen   38

Abbildung 3: Substanzmittelgebrauch von Gewalt betroffenen Frauen   42

Abbildung 4: Reaktionen von Gewalt betroffenen Frauen auf die Gewalt ihres Partners   69

Abstract

The thesis investigates the ways of women's coping who experience violence in relationships and also for example the effectivity of coping. Initially results of violence in relationships, especially the kinds, the consequences, the prevalence and the societal establishment of this topic are constituted. These are the basics to understand the rest of the paper. How do women cope with the violence of their intimate partners? This and other questions will be answered in the second chapter. This includes some aspects about coping in general, like the resources of coping and the factors that influence it. The ways how women cope with the violence of their partner and how they cope with the violence after the severance of their partner and moving in a women domestic assaults shelter are presented. After the presentation of the established literature results, the results of the study are demonstrated that check the results of the literature. The study collects qualitative data via interviews with experts. The data is analyzed by the qualitative summarizing content analysis according to Mayring. The author of this paper shows, how women cope with partner violence while and after the relationship. Also it will be illustrated which factors influence the coping, which resource they have and other theses of the literature will be examined. Lots of empirically results agree with results of the literature. The following examples give an insight into the results. Women cope with the violence through self-defense and through relativization. The coping is influenced by the learning of origin.

Einleitung

Gibt man den Begriff „Häusliche Gewalt" in der Suchmaschine Google ein, so erhält man 950 000 Ergebnisse (Stand: 19.08.2014). Das Thema ist bekannt in Medien, Politik, Gesellschaft und Forschung (Dobash, Dobash 2002: 921). Der Bekanntheitsgrad und die Enttabuisierung der Problematik wurden u. a. durch die Frauenbewegung erreicht bzw. gesteigert (Brandau, Ronge 1997: 3). Die Medien tragen zur gesellschaftlichen Präsenz dieses Themas bei. Es ist ihnen möglich, bestimmte Fakten zu formen und zu verändern (Appelt et al. 2001: 467). So können sie die Problematik häusliche Gewalt im Fokus der Öffentlichkeit platzieren und bestimmen, auf welche Faktoren des Themas die Aufmerksamkeit gerichtet wird. Die Nachteile dessen sind offensichtlich.

Beispielsweise wird nicht hinreichend über die Ursachen der Gewalt berichtet (Appelt et al. 2001: 477f., Lamnek et al. 2013: 231) und bestehende Mythen und Vorurteile werden nicht aufgelöst (Brandau, Ronge 1997: 4f.). So wird behauptet, dass von Gewalt betroffene Frauen zu ihrer Misshandlung beitragen (Buskotte 2007: 25). Welche Folgen hat das? Auf Grund solcher und anderer Gründe erstatten Frauen keine Anzeige gegen ihre gewalttätigen Partner (Leuze-Mohr 2005: 161ff.). „Häusliche Gewalt gegen Frauen darf keine Privatsache sein" so lautet eine Schlagzeile der Berliner Morgenpost (Kolat 2013). An dieser Stelle wird eine kurze Erklärung für den verwendeten Begriff „Häusliche Gewalt gegen Frauen" angebracht. Häusliche Gewalt findet unter Ausgrenzung der Öffentlichkeit statt (Brzank 2012: 27). Die Täterinnen und Täter sind Mitglied des nahen sozialen Umfelds (Dlugosch 2010: 22). Der Begriff häusliche Gewalt ist sehr allgemein und lässt keine Anzeichen auf Täterinnen und Täter und Opfer zu. Wird allerdings der Begriff „Häusliche Gewalt gegen Frauen" verwendet, wird zwar ersichtlich, wer das Opfer darstellt, es wird aber nicht die Täterinnen- und Täterperspektive deutlich. Auch wird nicht kenntlich gemacht, in welcher Beziehung die Gewalt stattfindet. Auf Grund dessen wird in der vorliegenden Arbeit der Begriff „Partnergewalt gegen Frauen" verwendet. Die Forderung von Kolat findet Anschluss. Politisch wird durch die Schaffung von neuen Gesetzen, die Partnergewalt bekämpfen sollen, reagiert. Damit kann festgehalten werden, dass die staatliche Gewalt auf veränderte soziale Bedingungen reagiert. Vor der Einführung des Gewaltschutzgesetzes[1] war die Polizei der Überzeugung, dass

---

[1] Gewaltschutzgesetz vom 11. Dezember 2001 (BGBl. I S. 3513)

häusliche Gewalt eine Angelegenheit der Familie selbst sei. Trotzdem werden Strafverfahren, die dieses Thema tangieren, größtenteils eingestellt (Kavemann 2005: 3ff.). Um dies nochmal auf Kolat (2013) zu beziehen, kann festgehalten werden, dass politische Handlungen darauf abzielen, die Problematik Partnergewalt gegen Frauen aus dem Zuständigkeitsbereich der Familien selbst zu nehmen. Die Umsetzung dessen ist aber schwierig.

Die Problematik der Partnergewalt besitzt eine hohe Relevanz. In einer bundesweit durchgeführten repräsentativen Studie von Müller und Schröttle (2004) konnte festgestellt werden, dass 25 Prozent der befragten Frauen mindestens einmal Opfer von Partnergewalt waren. Eine Hochrechnung ergäbe also, dass jede vierte Frau in Deutschland Opfer von Partnergewalt war oder ist (Müller, Schröttle 2004: 28ff.). Es ist also essentiell, dass zahlreiche Arbeiten zu diesem Thema verfasst werden, damit die Problematik in ihrem gesamten Spektrum erfasst und dementsprechend interveniert werden kann.

Es sind bereits zahlreiche Studien zu dem Thema verfasst worden. Das Thema ist aber nicht ausgereizt, sonst wären die Inhalte bekannter. Dadurch, dass das Thema der Partnergewalt gegen Frauen kein unbekanntes Feld ist, wäre es eine Überlegung wert, dies anders als bisher anzugehen. Wäre es an solcher Stelle nicht sinnvoll, präventiv zu arbeiten, um die Problematik erst gar nicht entstehen zu lassen? Die Wissenschaft befürwortet Prävention. Allerdings ist diese schwer realisierbar (Godenzi 1994: 327). Gegen Partnergewalt bestehen zahlreiche Interventionen. Zum Beispiel nehmen Frauenhäuser von Gewalt betroffene Frauen auf und gewähren ihnen Unterstützung (Wieners 2011: 307). Da die Problematik so großdimensional ist, muss es einen Zusammenhang zu anderen gesellschaftlichen Problematiken geben.

Die vorliegende Arbeit beschäftigt sich mit dem Thema der Gewaltbewältigung von Partnergewalt betroffener Frauen. Warum ist es bedeutsam, die Gewaltbewältigungsformen von misshandelten Frauen zu analysieren? Die Analyse dessen ist ein wesentlicher Faktor zur Vervollständigung des Themas Gewalt gegen Frauen in Partnerschaften. Die Inanspruchnahme von Gewaltbewältigungsformen sowie die Nicht-Inanspruchnahme dieser ist interessant zu ergründen, weil so sichtbar wird, ob die Frauen überhaupt die Möglichkeit hatten, die Gewalt zu bewältigen. Bei Inanspruchnahme oder Nicht-Inanspruchnahme ist es wesentlich, sie einzuschätzen und zu bewerten. Welchen Erfolg versprechen sich die Frauen von möglichen Bewältigungsformen? Die Effekte von Bewältigung können auch die weitere Anwendung bestimmen. In der Gesellschaft besteht das Vorurteil, dass Frauen selbst verantwortlich sind für die erlebte Gewalt durch ihre Partner, weil sie nicht aktiv gegen die Gewalt vorgehen. Gewalt betroffene Frauen können den Missbrauch nicht unterbinden – auch nicht nach einer Trennung. Nur die Täter sind verantwortlich für die Taten und nur sie können die Misshandlungen beenden (Dutton 2002: 69). Die Frauen können den Misshandlungen ausweichen und sich vor ihnen schützen, nicht jedoch sie verändern oder beenden (Dutton 2002: 69 zit. Ganley 1987). An dieser Stelle ist der Zusammenhang zu oben beschriebenen Vorurteilen von Partnergewalt gegen Frauen zu erkennen. Durch die ausführliche Behandlung der Bewältigung der Betroffenen und die Aufklärung über diese, ist es der Gesellschaft vielleicht besser möglich zu verstehen, dass keine Frau schuld an ihrer Situation ist.

Was hat mein Interesse an oben beschriebenem Thema geweckt? Im Rahmen einer beruflichen Tätigkeit, welche das Thema häusliche Gewalt tangiert, stellten sich mir verschiedene Fragen. Wie ist die Rolle der Frauen in der Gewaltbeziehung? Wie beeinflussen sie ihre Beziehung? Diese Fragen stellten sich mir, als ich im Kontakt mit anderen Menschen, die sich bisher nicht mit diesem Thema auseinandergesetzt hatten, die Frage gestellt bekommen habe, warum die Frauen nicht „einfach" die Partnerschaft beenden würden. Die Frage beruht auf den Mythen und Vorurteilen von Partnergewalt. Diese Menschen äußern damit indirekt, dass eine Trennung die Gewalt beenden würde und dass die Frauen selbst daran schuld sind, wenn sie die Gewalt falsch bewältigen. Allerdings ist die Frage nach der Beeinflussung und der Rolle der Frauen sehr grob und unspezifisch. Nach näherer Befassung mit den Fragen und Recherche bezüglich dessen bin ich auf den Zusammenhang zum Thema Bewältigung gestoßen. Darüber hinaus wollte ich wissen, ob neue Partnerschaften der Frauen ebenfalls durch Gewalt geprägt sind. Die vorhandene Literatur dazu ist allerdings nicht ausreichend. Beispielsweise beschreibt Hantel-Quitmann (2012), dass Frauen (auch wiederholt) Gewalt geprägte Partnerschaften eingehen, um ihrem Selbstwert gerecht zu werden (Hantel-Quitmann 2012: 117f.). Diese Literatur erscheint mir jedoch nicht wissenschaftlich fundiert. Im Kontext dieser Arbeit wird auf die Gewaltbewältigung von Partnergewalt betroffener Frauen eingegangen. Auch wird geklärt, wie und warum die Frauen die Gewalt bewältigen. Das Thema wird sowohl mittels von Literatur als auch mittels einer eigenen empirischen Erhebung bearbeitet. Den Schwerpunkt des literarischen Teils dieser wissenschaftlichen Arbeit bildet die Gewaltbewältigung von Partnergewalt betroffener Frauen. In diesem werden drei Arbeiten herangezogen (Gemünden 1996, Dutton 2002, Müller, Schröttle 2004). Mittels der Empirie wird versucht, dieses und andere literarische Erkenntnisse zu bestätigen bzw. zu widerlegen. Es kann aber nur die in der vorliegenden Arbeit verwendete Literatur bestätigt und widerlegt werden. Welche Vorteile erwachsen dennoch aus der eigenen kleinen Studie? Durch die eventuelle Bestätigung werden die angewendeten Bewältigungsmaßnahmen der Frauen bekräftigt und aktualisiert. Auch können Unterschiede zu anderen Studien sichtbar werden. Diese müssten in einer weiterführenden Studie nochmals mit anderer Literatur abgeglichen werden, um herauszufinden, ob neue Erkenntnisse gewonnen werden konnten. Es werden diverse Bewältigungsmöglichkeiten von Partnergewalt betroffener Frauen sichtbar und es wird ein Einblick in die Reichweite der Thematik gewährt. Es konnte innerhalb eigener Recherchen herausgefunden werden, dass zahlreiche Veröffentlichungen zu dem Thema Bewältigung existieren. Zu der Gewaltbewältigung von Partnergewalt betroffener Frauen gibt es auch noch andere als die verwendete Literatur, wenn auch nicht so umfangreiche und zahlreiche wie zu dem Thema der Bewältigung. Beispielsweise hat Lee (2000) eine Dissertation zu dem Thema „Bewältigungsbemühungen mißhandelter Frauen - Vulnerabilitäts- und Resilienzfaktoren bezüglich psychosomatischer Beschwerden" verfasst. Es handelt sich bei der Gewaltbewältigung von Partnergewalt betroffener Frauen um einen weniger beachteten Bereich der Problematik (Hohendorf 2014: 14f.). Hohendorf (2014) bezeichnet dies sogar als „[…] Randstellung der Thematik […]". (Hohendorf 2014: 14) Auch deshalb ist es wichtig, diesen Bereich näher zu betrachten.

Wie ist die Arbeit gegliedert und welche wesentlichen Inhalte hat sie? Es ist wichtig die Grundlagen des Themas Partnergewalt gegen Frauen zu erfassen, um die Problematik einordnen und verstehen zu können. Das erste Kapitel dient als Grundlage für die gesamte Arbeit. Es ist allerdings nicht möglich, die Problematik vollständig zu erfassen – dies würde den Rahmen dieser Arbeit sprengen. So wird beispielsweise nicht die Historie von Partnergewalt gegen Frauen thematisiert und es werden keine Präventionskonzepte vorgestellt. Auch wird nicht gesondert über Frauen berichtet, welche einen Migrationshintergrund oder eine Behinderung haben. Was sind dann Inhalte des ersten Kapitels? Da Partnergewalt eine Unterkategorie der Gewalt ist, wird vorerst der Gewaltbegriff definiert. Dieser ist sehr komplex und umfasst verschiedene Dimensionen. So gibt es strukturelle, symbolische und kulturelle Gewalt (Imbusch 2002: 38). Damit von Gewalt gesprochen werden kann, benötigt es Täterinnen und Täter, Opfer, Folgen, Mittel, Ursachen, Ziele, Motive und Rechtfertigungen (Imbusch 2002: 34ff., Nummer-Winkler 2004: 21). Dieses Schema kann auch auf die Erklärung von häuslicher Gewalt und Partnergewalt gegen Frauen angewendet werden. Um dem oben genannten Postulat gerecht zu werden, wird Partnergewalt gegen Frauen vor verschiedenen Hintergründen thematisiert. Es werden ihre verschiedenen Formen und ausgewählte erklärungstheoretische Ansätze dargestellt. Es wird mit Erkenntnissen bedeutender Autoren gearbeitet, so Johnson (1995) und

Einleitung

Bourdieu (2005). Auch wird auszugsweise diskutiert, warum die Frauen ihre gewalttätigen Partner nicht verlassen. Dazu wird mit den Erkenntnissen einer vielzitierten Autorin (Walker 2009) gearbeitet. Die Folgen der Partnergewalt sind auch Inhalt dieses Kapitels und werden in seiner Vielfältigkeit dargestellt.

Im zweiten Kapitel wird die Gewaltbewältigung von Partnergewalt betroffener Frauen dargestellt. Das Kapitel wird mit Hilfe von Literatur erarbeitet. Die theoretische Erarbeitung ist Voraussetzung für die Analyse empirischer Ergebnisse. Hier wird der Einstieg in die Hauptthematik gewährt. Dafür wird vorerst der Begriff der Bewältigung definiert. Ob die Gewalt bewältigt wird hängt auch damit zusammen, inwieweit sie überhaupt als Problem begriffen wird (Lazarus, Launier 1981: 233ff.). Bewältigungsmodelle zeigen auf, wie belastende Ereignisse bewältigt werden können. Belastende Umstände können mittels Ressourcen bewältigt werden (Schröder, Schwarzer 1997: 174). Die Wahl der Bewältigung ist von unterschiedlichen Faktoren abhängig. Bewältigung kann sowohl strategischer als auch emotionaler Art sein. Bewältigungsmaßnahmen können als effektiv und als ineffektiv eingeordnet werden. Der Schwerpunkt des zweiten Kapitels liegt auf der Gewaltbewältigung von Partnergewalt betroffener Frauen. Hier werden spezifische Formen der Gewaltbewältigung von Partnergewalt betroffener Frauen an Hand von drei dazu herangezogenen Autorinnen und Autoren beschrieben – Gemünden 1996, Dutton 2002, Müller, Schröttle 2004. Diese sind sehr bekannt und werden in unterschiedlicher Literatur diskutiert. Zwei der Darstellungen beinhalten qualitative Ergebnisse, wohingegen die Autorinnen Müller und Schröttle vorwiegend quantitative Ergebnisse darlegen. Dies soll einen Überblick über die Verteilung der Gewaltbewältigung geben. Warum Gemünden und Dutton Gewaltbewältigung als Strategie definieren bleibt unklar. Es ist bedeutend zu identifizieren, wie die Frauen erreicht werden können, um gemeinsam mit ihnen ihre Bewältigungsmöglichkeiten zu verbessern oder zu reflektieren. Die Frauen können über die Institution Frauenhaus erreicht werden. Durch die Erarbeitung der Gewaltbewältigung während eines Frauenhausaufenthalts kann die Problematik in den Kontext eines Arbeitsfeldes der Sozialen Arbeit eingeordnet werden. Die Theorien sind so greifbarer, weil daraus Handlungsleitfäden und Anregungen für Frauenhausmitarbeiterinnen erwachsen. Allerdings basiert die Beschreibung des Arbeitsfeldes lediglich auf der Gewaltbewältigung im Frauenhaus. Es wird weder die Frauenbewegung, noch die Einrichtung Frauenhaus beschrieben.

Das dritte Kapitel dient zur Deskription und Legitimierung der in dieser Arbeit benutzen methodischen Vorgehensweise. Die theoretischen Erklärungsweisen zur qualitativen Sozialforschung, zur Datenerhebung und zur Datenauswertung dienen dem

Verständnis. Aus der Theorie kann teilweise die Umsetzung abgelesen werden, teilweise wird aber auch der Bezug zur Praxis gezielt hervorgehoben. Die Daten in dieser Studie werden mittels zwei umfangreicher Expertinneninterviews gewonnen. Die Expertinnen sind Frauenhausmitarbeiterinnen mit langjähriger Erfahrung in der Arbeit mit Partnergewalt betroffener Frauen. Die Interviews werden mittels der qualitativen Inhaltsanalyse nach Mayring (2010) ausgewertet. Es wird die Form der Zusammenfassung gewählt (Mayring 2010: 63ff.). Die gewonnenen Ergebnisse können nicht verallgemeinert werden. Sie dürfen auch nicht als Aussagen von Betroffenen charakterisiert werden, sondern die Ergebnisse basieren auf den Wahrnehmungen der Expertinnen und den Erzählungen, die die Expertinnen von den betroffenen Frauen erfahren haben. Durch die Interviews wird ein Überblick über die Gewaltbewältigung innerhalb als auch außerhalb der Partnerschaft geschaffen.

Im vierten Kapitel werden die empirischen Ergebnisse dieser Arbeit erläutert. Die Gewaltbewältigung innerhalb der Partnerschaft wird thematisiert. Die Gewaltbewältigungsformen der Betroffenen werden ausführlich behandelt. Sie werden unterteilt in aktivere und passivere Formen. Zu den aktiveren Formen werden die problemlösende –, reaktive und unterstützende Gewaltbewältigung zugeordnet. Zu den passiveren Formen zählen die psychische Gewaltbewältigung, Verdrängung, vermeidende Bewältigung und Ertragen. Es werden die Fragen beantwortet, wovon Gewaltbewältigung abhängig ist und welche Ziele die Frauen damit verfolgen. Auch Inhalt sind Faktoren, die die Gewaltbewältigung der Frauen unterstützen. Diese können sowohl positiv als auch negativ sein. Positiv sind beispielsweise Sozialkontakte und soziale Unterstützung. Negativ ist hingegen wenn Außenstehende den Betroffenen die Schuld für die Gewalt geben.

Im letzten Kapitel werden ebenfalls die empirischen Ergebnisse präsentiert. Hier wird die Gewaltbewältigung während und nach einem Frauenhausaufenthalt diskutiert. Die Frauen haben die Gewaltbewältigung der Trennung bereits praktiziert. Es geht nicht primär um die selbstständige Gewaltbewältigung, sondern es steht die Unterstützung bei der Gewaltbewältigung im Fokus. Es werden die Formen der Gewaltbewältigung dargelegt, welche auch in aktivere und passivere Formen eingeteilt werden. Wie die Frauen nach ihrem Frauenhausaufenthalt verbleiben und wie sie die gelernten Gewaltbewältigungsformen umsetzen sind Fragen, die beantwortet werden.

Der vorliegende Text basiert auf meiner BA-Thesis, die von Frau Prof. Dr. Marianne Kosmann betreut wurde. In dieser Arbeit werden sowohl die weibliche als auch die männliche Form benutzt. Bezieht sich die Thematik allerdings konkret auf Partnergewalt gegen Frauen ist der Täter männlich und das Opfer weiblich. Dies wird auch sprachlich kenntlich gemacht.

1 Partnergewalt gegen Frauen

Die Problematik Partnergewalt ist kein Randphänomen, sondern in unserer Gesellschaft weit verbreitet. Müller und Schröttle (2004) fanden in einer bundesweit repräsentativen Studie heraus, dass 25 Prozent der befragten Frauen mindestens einmal Opfer von Partnergewalt waren. Auf Grund der hohen Anzahl von Betroffenen ist es bedeutend, zu überprüfen inwieweit die Problematik in der Gesellschaft etabliert ist und inwieweit sie tatsächlich als Problem angesehen wird. Um zu verstehen, was Partnergewalt gegen Frauen ist und wie diese mit Gewalt umgehen, müssen vorerst die Grundlagen erarbeitet werden. Die Problematik Partnergewalt gegen Frauen wird aufgegliedert – von der Definition bis zu den Folgen. Partnergewalt wird der häuslichen Gewalt zugeordnet. Um die Problematik häuslicher Gewalt in ihrem Spektrum erfassen zu können, braucht es Kenntnisse über Gewalt im Allgemeinen. Gewalt ereignet sich nicht nur in Form von physischer Gewalt, sondern auch in Form von psychischer-, sexualisierter-, ökonomischer- und sozialer Gewalt. Partnergewalt gegen Frauen liegen differente Erklärungsansätze zu Grunde. Auch bestehen verschiedene Erklärungsansätze dafür, warum Frauen ihre gewalttätigen Partner nicht verlassen. Hier lässt sich die Rolle der Frauen in der Misshandlungsbeziehung erkennen. Zudem werden in diesem Kapitel bereits einige Gewaltbewältigungsformen von Partnergewalt betroffener Frauen sichtbar.

1.1 Gewaltbegriff

Was ist Gewalt? Der Gewaltbegriff ist unterschiedlich geprägt und wird unterschiedlich verwendet. Es ist nicht klar festzulegen, was Gewalt ist, weil es zu unterschiedliche Definitionen gibt. Wann liegt Gewalt vor (Christ, Gudehus 2013: 1)? Gewalt lässt sich erklären durch die Analyse nach dem „Wer", „Wem" und „Was" (Nummer-Winkler 2004: 21). Imbusch (2002) weitet dies noch aus auf die Beantwortung von Fragen nach dem „Wie", „Warum", „Wozu" und „Weshalb". Was beinhalten diese Fragen? Das „Wer" bezieht sich auf einzelne Person, Gruppen, Institutionen oder Organisationen, welche die Gewalt ausüben. Diese werden als Täterinnen und Täter, Subjekte (Imbusch 2002: 34f.) oder als Befehlsadressatinnen oder Befehlsadressaten bezeichnet (Trotha 1997: 19). Die Gewaltausübung dieser hat das Ziel, die Anliegen der Täterinnen oder Täter durchzusetzen. Das „Was" beschreibt die Taten (Imbusch 2002: 34f.), die Gewaltprozesse und die Folgen der Gewalt. Bei einer Gewalttat werden Personen oder Dinge verletzt oder beschädigt, wobei die Verletzung eines anderen Körpers im Vordergrund bei der Definitionslage steht (Trotha 1997: 21). Mit dem „Wie" wird ausgedrückt, mit welchen Mitteln die Gewalt ausgeübt wird. Die verwendeten Mittel sind maßgeblich verantwortlich für die Folgen der Gewalt. Mittel können z. B. physischer, psychischer, kommunikativer oder symbolischer Art sein. Auch sind Mittel die Gegner und Gegnerinnen oder Befürworter und Befürworterinnen einer Gewalttat, denn wie intensiv die Gewalt erlebt wird, hängt mit gesellschaftlichen Kontexten zusammen. Gegen wen richtet sich die Gewalt? Damit sind die Opfer von Gewalttaten gemeint, auch Objekte genannt. Ihnen widerfährt die Gewalt, sie erleben und erfahren sie am eigenen Leib oder der Seele. Die Opfer leiden unter den Täterinnen und Tätern. Das „Warum" hat die Ursachen und Erklärungsansätze einer Gewalthandlung zum Inhalt. Wozu praktizieren die Täterinnen und Täter die Gewalt? Welche Ziele und Beweggründe sind hinter einer Tat verborgen? Gewalttaten werden praktiziert, um bestimmte Ziele zu erreichen, wie das Durchsetzen von Interessen und die Eröffnung neuer Optionen. Dann stellt sich noch die Frage nach dem „Weshalb". Das „Weshalb" ist Gegenstand der Rechtfertigungsmuster einer Tat. Diese bilden sich vor dem Hintergrund der gesellschaftlichen Normen und Werte (Imbusch 2002: 35ff.). Bis zu dem Jahre 1997 wurden Männer, die ihre Ehefrauen vergewaltigten nicht strafrechtlich verfolgt (Nave-Herz, Onnen-Isemann 2007: 331). Heute ist dies illegal und dementsprechend gesellschaftlich geächtet. Ob eine Tat als Gewalttat deklariert wird, entscheidet sich also vor dem Hintergrund gesellschaftlicher Normen (Imbusch 2002: 36). Es wird deutlich, dass sich Normen ändern können und folglich auch die Rechtfertigungen für eine Gewalttat.

Dem Gewaltbegriff liegen verschiedene Dimensionen zu Grunde. Neben der physischen, psychischen, sexualisierten, ökonomischen und sozialen Gewalt – welche in Kapitel 1.3 näher ausgeführt werden – existieren u. a. noch Begriffe der strukturellen-, symbolischen-, und kulturellen Gewalt (Imbusch 2002: 38), auf welche im Folgenden eingegangen wird.

Ist Gewalt nur gegeben, wenn alle o. g. „W-Fragen" beantwortet werden können? Galtung (1975) ist der Überzeugung, dass dem nicht so ist. Muss es für die Verübung von Gewalttaten zwingend Subjekte, also Täterinnen und Täter geben? Galtung stellt dar, dass es sich bei Gewalt ohne Subjekte um indirekte, strukturelle Gewalt handelt. Bei dieser Form der Gewalt sind Objekte von Gewalt betroffen, welche nicht mehr auf einzelne Subjekte zurückzuführen sind. Die Gewalt ist systemisch verankert und ist gekennzeichnet durch ungleiche Machtchancen. Gewalt liegt auch vor, wenn Ressourcen nicht gerecht verteilt sind. Die Subjekte oder das dahinterstehende System haben Vorteile aus ungerechten Machtverteilungen (Galtung 1975: 12f.). Für Galtung gilt die Definition, welche keine Rückschlüsse auf Subjekte zulässt.

„Gewalt liegt dann vor, wenn Menschen so beeinflußt (sic!) werden, daß (sic!) ihre aktuelle somatische und geistige Verwirklichung geringer ist als ihre potenzielle Verwirklichung." (Galtung 1975: 9)

Für Galtung heißt dies, dass in der Weltbevölkerung niemand hungern muss, niemand ungebildet bleiben muss, niemand an heilbaren Krankheiten sterben muss, denn dies bildet das Aktuelle, also das, was möglich ist. Die potenzielle Verwirklichung ist das, was sein kann, aber nicht muss. Wenn aber die aktuelle Verwirklichung geringer ist als die potenzielle Verwirklichung dann liegt Gewalt vor, denn daran wird deutlich, dass Ressourcen unterschiedlich verteilt sind, auch wenn dies nicht mehr auf personale Täterinnen und Täter zurückzuführen ist (Galtung 1975: 9ff.).

Popitz (1992) hat die Position, dass der Begriff der Gewalt eine zu große Anwendung findet. In seiner Definition der Gewalt beschränkt er sich daher darauf, dass für Gewalt Täterinnen und Täter und Opfer existent sein müssen. Gewalt braucht personelle Täterinnen und Täter. Auch beschränkt er sich in seiner Definition auf physische Gewalt (Popitz 1992: 48). Um zu verstehen, wie er Gewalt deutet, wird hier seine Definition angebracht.

„Gewalt meint eine Machtaktion, die zur absichtlichen körperlichen Verletzung anderer führt, gleichgültig, ob sie für den Agierenden ihren Sinn im Vollzug selbst hat (als bloße Aktionsmacht) oder, in Drohungen umgesetzt, zu einer dauerhaften Unterwerfung (als bindende Aktionsmacht) führen soll." (Popitz 1992: 48)

Ziel der Gewalt ist die Gewaltausübung an sich oder das Erreichen der psychischen Unterlegenheit der Opfer (Popitz 1992: 48).

Die symbolische Gewalt ist „ [...] jede Macht, der es gelingt, Bedeutungen durchzusetzen und sie als legitim durchzusetzen, in dem sie die Kräfteverhältnisse verschleiert, die ihrer Kraft zugrunde liegen, fügt diesen Kräfteverhältnissen ihre eigene, d. h. eigentlich symbolische Kraft hinzu." (Bourdieu, Passeron 1973: 12). Symbolische Gewalt hat also der, wer neue Bedeutungen einführt, ohne die Macht offensiv hervorzuheben. Hier ist der Zusammenhang zur „Weshalb-Frage" zu erkennen. Durch die symbolische Kraft sind Personen dazu fähig, vorliegende Normen zu verändern.

Rechtfertigungen für eine Gewalttat, können sich dementsprechend auch ändern. Durch die Änderung von Symbolen ist es möglich, Gewalt auszuüben, denn sie kann so legitim werden.

Die Theorie von Bourdieu und Passeron wurde weiterentwickelt. Kulturelle Gewalt legitimiert Gewalttaten und lässt sie für die hinter einer Kultur stehende Gesellschaft vertretbar erscheinen. Der Prozess dauert solange bis die Gesellschaft sie nicht mehr als Gewalt wahrnimmt (Imbusch 2002: 40 zit. Galtung 1998).

1.2 Begriffsbestimmung „Häusliche Gewalt" und „Partnergewalt gegen Frauen"

Es ist schwierig den Begriff der häuslichen Gewalt zu definieren, da dieser eine Vielzahl an nicht übereinstimmenden und sich ändernden Bedeutungen enthält (Dlugosch 2010: 22). Auch werden verschiedene Termini für das zu beschreibende Problem verwendet, so z. B. „Beziehungsgewalt", „Gewalt im sozialen Nahraum" und „familiäre Gewalt". Der Begriff häusliche Gewalt bildet den Überbegriff des Problems (Stövesand 2007: 31).

Häusliche Gewalt bezieht sich auf den Ort, an welchem Gewalt ausgeübt wird. Die Gewalt wird zu Hause ausgeübt, ohne den Einbezug der Öffentlichkeit (Brzank 2012: 27). Täterinnen und Täter häuslicher Gewalt sind Angehörige des nahen sozialen Umfelds eines Opfers (Dlugosch 2010: 22). Lamnek et al. (2013) definieren häusliche Gewalt als „Gewalt unter Personen, die intim oder eng verwandt sind und ständig oder zyklisch zusammen wohn(t)en" (Lamnek et al. 2013: 113). Die folgende Definition von Myke und Jordan (2010) bestätigt und ergänzt zwar die oben aufgeführten Definitionen, lässt aber auch Widersprüche aufkommen.

> „Von häuslicher Gewalt wird gesprochen, wenn erwachsene Personen innerhalb einer bestehenden oder aufgelösten familiären, ehelichen oder eheähnlichen Beziehung physische, psychische oder sexuelle Gewalt ausüben oder androhen." (Myke, Jordan 2010: 171)

Diese Definition besagt, dass häusliche Gewalt ausschließlich unter erwachsenen Menschen auftritt. Lamnek et al. (2013) widersprechen diesem, wie auch aus ihrer - oben aufgeführten - Definition häuslicher Gewalt entnommen werden kann. Sie legen den Fokus der Definition auf Personen im Allgemeinen und führen verschiedene Erscheinungsformen häuslicher Gewalt auf, so z. B. Gewalt der Eltern gegen ihre Kinder und Gewalt unter Geschwistern (Lamnek et al. 2013: 113). An dieser Stelle werden die Widersprüchlichkeiten des Begriffs häusliche Gewalt sichtbar. Diese Ausführungen können auch die Entstehung der Begriffe „Beziehungsgewalt", „Gewalt im sozialen Nahraum" und „familiäre Gewalt" erklären.

Der Begriff der häuslichen Gewalt ist sehr allgemein und lässt keine Rückschlüsse auf Täterinnen und Täter und Opfer zu. Der Genderaspekt im Bereich der häuslichen Gewalt ist zu berücksichtigen (Brzank 2012: 29). An dieser Stelle wären Begriffe angebracht wie „geschlechtsbezogene Gewalt", „Gewalt im Geschlechterverhältnis", „Gewalt gegen Frauen" und „Männergewalt gegen Frauen" (Stövesand 2007: 31). Im folgenden Abschnitt wird der Begriff „Partnergewalt gegen Frauen" verwendet. Dieser Begriff grenzt den Begriff der häuslichen Gewalt ein und zeigt auf, in welcher Beziehung die Gewalt erlebt wird. In der aktuellen oder ehemaligen Partnerschaft wird die erlebte Gewalt durch den männlichen Partner ausgeführt – hier ist der Zusammenhang zur geschlechtsbezogenen Gewalt zu erkennen (Brzank 2012: 29). Auch wenn es andere Formen der häuslichen Gewalt gibt, stellt dies den Schwerpunkt der vorliegenden Arbeit dar und wird folglich näher beschrieben. Auch Duglosch (2010) betont „Partnergewalt gegen Frauen" als Teilbereich der häuslichen Gewalt. In der feministischen Literatur wird häusliche Gewalt zum Großteil als Synonym für Partnergewalt gegen Frauen verwendet (Duglosch 2010: 23). In wenigen Arbeiten wird der Genderaspekt ignoriert, vergleiche zum Beispiel Brzank (2012) und Mark (2001). Auch Middecke-Sartorius (2003) betont den Genderaspekt häuslicher Gewalt.

> „Bei häuslicher Gewalt geht es immer um Gewaltstraftaten, die fast ausschließlich von Männern in engeren – bestehenden oder ehemaligen Beziehungen – zu Frauen ausgeübt werden und überwiegend im vermeintlichen Schutzraum der eigenen vier Wände, also „zu Hause" stattfinden. Männer versuchen damit, Macht und Kontrolle über die Frau auszuüben." (Middecke-Sartorius 2003: 44)

Hier wird deutlich, dass Männer überwiegend Täter und Frauen Opfer häuslicher Gewalt sind und welche Ziele die Täter verfolgen. Auch Romito (2008) bestätigt diese Aussage (Romito 2008: 17). Gewalt im Geschlechterverständnis ist gekennzeichnet durch strukturelle Machtunterschiede zwischen den Geschlechtern. Die männliche Macht und Dominanz gegenüber Frauen steht im Vordergrund (Brückner 2001: 130). Eine Definition von Hagemann-White et al. (1997) soll den Begriff von Gewalt im Geschlechterverhältnis verständlicher machen.

> „Unter Gewalt verstehen wir die Verletzung der körperlichen oder seelischen Integrität eines Menschen durch einen anderen. Unsere Aufmerksamkeit richtet

sich noch genauer auf diejenige Gewalt, die mit der Geschlechtlichkeit des Opfers wie des Täters zusammenhängt." (Hagemann-White et al. 1997: 28) Gewalt, welche ein Opfer auf Grund seines Geschlechts erfährt, kann als Gewalt im Geschlechterverhältnis bezeichnet werden (Hagemann-White et al. 1997: 28). Strukturelle Macht ist gekennzeichnet durch die nicht egalitäre Verteilung von Gütern, wie Erwerbseinkommen und Besitz sowie institutionelle Macht. Diese Vorteile obliegen in der Regel männlichen Gesellschaftsmitgliedern. Somit besteht eine Ungleichheit zwischen den Geschlechtern (Stövesand 2010: 83). Ein Beispiel soll dies verdeutlichen. Die strukturelle Macht zwischen den Geschlechtern macht sich durch soziale, wirtschaftliche und ökonomische Abhängigkeit bemerkbar. So ist etwa eine Frau von dem Einkommen ihres Partners abhängig (Brückner 2009: 792). Gewalt im Geschlechterverständnis ist auch von Rollenbildern gekennzeichnet (Lamnek et al. 2013: 19). Dies wird in Kapitel 1.4.1 näher erläutert.

1.3 Formen von Partnergewalt gegen Frauen

Nachfolgend werden die Formen der Partnergewalt erklärt. Diese werden gegliedert in physische, psychische, sexualisierte, ökonomische und soziale Formen der Gewalt.

Sie werden meistens von den Tätern in Kombination angewendet (Myke, Jordan 2010: 172). Verbindungen zu anderen Formen der Gewalt werden kenntlich gemacht.

1.3.1 Psychische Gewalt

Psychische Gewalt wird mittels verbaler und nonverbaler Kommunikationsmittel ausgeübt, um die Opfer in ihrer Persönlichkeit abzuwerten, zu verunsichern und zu verletzen (Hirigoyen 2006: 24). Auch werden geistige Fähigkeiten eingeschränkt (Galtung 1975: 11). Beispiele nonverbaler Verhaltensweisen sind emotionale Erpressung und Liebesentzug (Peichl 2008: 32). Psychische Gewalt erfahren die Opfer durch Ängstigung, durch das Drängen in Abhängigkeit, Drohungen und Beleidigungen (Gerlach 2013: 229). Um das Ausmaß psychischer Gewalt deutlich zu machen, wird ein Beispiel der Demütigung vorgebracht.

„Wenn ich ihm vorwarf, er würde fremdgehen, zerrte mich mein Mann in die Toilette, warf mich auf den Boden und sagte: „Ich werd's dir zeigen, was du für mich bist!" und dann urinierte er auf mich drauf." (Hirigoyen 2006: 33) Daneben werden die Opfer genötigt und für die Taten zur Verantwortung gezogen (Peichl 2008: 32f.). Psychische Gewalt ist ein systematisches Verhalten, was darauf abzielt, die Opfer gefügig zu machen und zu kontrollieren. Einmalige situative Entgleisungen sind nicht gleichzusetzen mit psychischer Gewalt. Taten werden von den Tätern willkürlich eingesetzt, um die Opfer zu manipulieren. Jedoch sind die Grenzen psychischer Gewalt fließend. Handlungen sind vom Kontext und den Betroffenen abhängig. Das heißt, dass eine Handlung für unterschiedliche Betroffene andere Bedeutungen haben kann. Die Grenzen sind fließend, denn zu Beginn der Gewaltbeziehung empfinden die Opfer psychische Angriffe noch als grausamer. Die Täter steigern ihre Angriffe bis die Opfer sie als normal einstufen. Ist das erfolgt, wurde das Ziel der Machtübernahme der Täter erreicht (Hirigoyen 2006: 24ff.).

1.3.2 Physische Gewalt

Physische Gewalt wird über einen längeren Zeitraum durch psychische Gewalt vorbereitet. Mit körperlichen Tätlichkeiten werden die Körper der Frauen verletzt und gekennzeichnet, d. h. durch die Gewalt am Körper der Frauen ist die Macht der Täter auf den Körpern der Opfer sichtbar. Die Täter behandeln die Frauen wie ihr Eigentum. Persönlichkeitsmerkmale der Frauen werden durch physische Gewalt vernichtet (Hirigoyen 2006: 24ff.). Physische Gewalt äußert sich durch „[…] heftiges Zwicken, Ohrfeigen, Faustschläge, Fußtritte, Strangulierungsversuche, Bisse, Verbrennungen, verdrehte Arme, Angriffe mit Stich- oder Schusswaffen […]". (Hirigoyen 2006: 40) Weitere Methoden physischer Gewaltanwendung sind das Werfen und Prügeln mit Gegenständen auf das Opfer, Verbrennungen, Waffenanwendungen und Mord (Kaselitz, Lercher 2002: 11). Körperliche Angriffe können so angewendet werden, dass die Folgen für Außenstehende nicht zu erkennen sind. Schläge auf den Bauch und das Ziehen an den Haaren sind Beispiele dafür (Hirigoyen 2006: 40). Neben den direkten Anwendungen physischer Gewalt, gibt es indirekte Formen. Beispielsweise wird die Drohung mit Körperverletzung mit dem Zwecke der Verhaltensmodifikation als physische Gewalt eingeordnet (Peichl 2008: 31f.). Indirekte, körperliche Gewalt kann auch als psychische Gewalt beschrieben werden.

1.3.3 Sexualisierte Gewalt

Sexualisierte Gewalt steht nicht im Zusammenhang mit sexueller Lust und Begierde (Maurer 2009: 147f.). Hingegen sagt Peichl (2008), dass sexualisierte Gewalt „[…] eine Befriedigung eigener Bedürfnisse […]" (Peichl 2008: 33) schafft. Was dies genau bedeutet, erklärt er nicht.

Sexualisierte Gewalt äußert sich in Form von Vergewaltigungen, sexueller Nötigung (Gerlach 2013: 229), sexueller Belästigung, sexueller Ausbeutung und auch als Zwang zur Prostitution. Im Mittelpunkt stehen hier die sexuelle Nötigung und die Anwendung von psychischer Gewalt, um das Ziel sexueller Handlungen zu erreichen, um die eigene Macht zu spüren und die Fähigkeit, diese adäquat einzusetzen zu können. Mit Hilfe des richtigen Einsetzens von Kommentaren, Drohungen und Bloßstellungen werden die Frauen dazu gebracht, sexuelle Handlungen mit den Männern zu verüben. Damit die psychische Gewalt endet, geben viele Frauen dem Willen der Männer nach. Auch hier sind die Grenzen zwischen Freiwilligkeit und Zwang fließend. Ist ein Nachgeben bereits ein Zeichen der Freiwilligkeit, weil die Frauen sich während des Sexualaktes nicht weiter gewehrt haben (Hirigoyen 2006: 42ff.)? Bei einer Vergewaltigung hingegen stellt sich nicht mehr die Frage der Freiwilligkeit. Eine Vergewaltigung ist „ein sexuelles, gewaltsames Eindringen in den Körper, ein Einbruch in den privaten, persönlichen Innenraum, ohne dass die Frau ihr Einverständnis dazu gegeben hätte – kurz, ein gegen das Innere gerichteter schwerer körperlicher Angriff […]." (Brownmiller 1991: 285) An Hand dieser Definition von Vergewaltigung lässt sich auch der Zusammenhang zwischen physischer und sexualisierter Gewalt ausmachen.

1.3.4 Ökonomische Gewalt

Macht kann besser ausgeübt werden, wenn die Frauen ökonomisch von ihren Partner abhängig sind. Ökonomische Gewalt wird z. B. durchgesetzt durch Arbeitsverbot (Ohl 2002: 12), Arbeitszwang (Landtag Nordrhein-Westfalen 2004: 167), die finanzielle Kontrolle der Frauen durch die Überprüfung von Konten und der Verweigerung des Zugangs zum Konto. Ausgeglichen wird dies teilweise durch teure Geschenke, um die Hilflosigkeit der Frauen zu verdecken. Frauen haben Angst, ihren Partner zu verlassen, weil sie ökonomische Schwierigkeiten befürchten. Die Partner fördern eine Abhängigkeit der Frauen, in dem sie ihre Unselbstständigkeit unterstützen. Besonders deutlich wird der Zusammenhang zur psychischen Gewalt, wenn die

Männer regelmäßig betonen, dass es den Frauen nicht möglich ist, Beruf, Kindererziehung und Haushalt zu bewältigen (Hirigoyen 2006: 47ff.).

1.3.5 Soziale Gewalt

Durch soziale Gewalt kann eine soziale und emotionale Abhängigkeit erreicht werden. Der Kontakt zu Freundinnen und Freunden sowie der Herkunftsfamilie wird verhindert bzw. begrenzt, damit die Gewalt von Außenstehenden unentdeckt bleibt. Die Opfer können dann durch die Kontaktbegrenzung keine Unterstützung mehr von außen erfahren (Hirigoyen 2006: 28). Dies erfolgt durch eine stetige Begleitung und Kontrolle durch die Partner. Auch auf dem Weg zur und von der Arbeit begleiteten die Männer ihre Partnerinnen. Wenn sie dennoch Unternehmungen eigenständig machen, wird dafür ein Zeitfenster festgelegt und es erfolgen regelmäßige Kontrollanrufe von den Partnern (Walker 2009: 65 zit. Sonkin). Die Täter fordern die alleinige Aufmerksamkeit der Frauen (Hirigoyen 2006: 29). Diese Gewalt wird u. a. verübt durch das Bloßstellen der Frauen in der Öffentlichkeit und im Freundes- und Bekanntenkreis, durch das Einsetzen von Druckmitteln (Ohl 2002: 13), durch das Einsperren im eigenen Haus und durch das Ausschalten des Telefons (Kaselitz, Lercher 2002: 11). Auf Grund des hohen psychischen Stresses kann es sein, dass diese Frauen freiwillig den Wünschen ihres Partners nachgeben. Versuchungen, in Kontakt mit Familie, Freundinnen und Freunden zu bleiben, werden unterlassen (Hirigoyen 2006: 28). Die Eifersucht der Männer kann den Prozess der sozialen Gewalt unterstützen. Sind die Männer der Überzeugung, dass ihre Partnerinnen sexuell untreu sind, kann es sein, dass sie sie isolieren, damit sie keine Möglichkeit haben, mit anderen Männern in Kontakt zu treten (Dobash, Dobash 2002: 928).

1.4 Ausgewählte erklärungstheoretische Ansätze von Partnergewalt

Warum wenden die Täter Gewalt an und wie ist Partnergewalt begründet? Die Beantwortung dieser Frage ist Inhalt des folgenden Textes.

1.4.1 Feministische und patriarchatskritische Erklärungsansätze

Um zu verstehen, was ein Patriarchat ist, wird an dieser Stelle eine kurze Definition angebracht. Ein Patriarchat ist ein „[…] System sozialer Strukturen und Praktiken, in denen Männer Frauen dominieren, unterdrücken und ausbeuten." (Meuser 2010: 149) Feministische und patriarchatskritische Erklärungsansätze betonen patriarchale Gesellschaftsstrukturen, geschlechtsspezifische und gesellschaftliche Rollenzuschreibungen, eine privilegierte Stellung der männlichen Gesellschaftsmitglieder aus- und innerhalb der Familie, die ungleiche Machtverteilung zwischen den Geschlechtern und die männliche Kontrolle über Frauen (Dobash, Dobash 2002: 923ff.). Alle Männer – auch jene, welche nicht gewalttätig sind – erhalten Vorteile aus einem patriarchalen System, z. B. einfacher Zugang zu sexuellen Beziehungen und höherrangige und gut honorierte Jobs (Romito 2008: 24). Bereits in der kindlichen Sozialisation werden Mädchen und Jungen mit geschlechtsspezifischen Rollenbildern konfrontiert (Duglosch 2010: 34f.). Das Patriarchat – gebildet aus sozialen und ökonomischen Vorgängen – ist verantwortlich für die Benachteiligung, Unterdrückung und planmäßige Gewalt von und an Frauen (Gelles 2002: 1070).

Um feministische und patriarchale Erklärungsansätze besser zu verstehen wird nachfolgend der Artikel „Patriarchal Terrorism and Common Couple Violence: Two Forms of Violence against Women" von Johnson (1995) vorgestellt. In diesem Artikel beschreibt er zwei Formen der Partnergewalt, die patriarchale Gewalt, im Original „patriarchal terrorism" genannt und die gewöhnliche Partnergewalt, im Original „common couple violence" genannt. Diese beiden Gewaltformen sind von unterschiedlichen Phänomenen geprägt (Johnson 1995: 284f.). Auch wenn der Artikel nicht mehr zur gegenwärtigen Literatur gehört, ist er dennoch aktuell. Peichl (2008) nimmt ihn als Grundlage zur Beschreibung von Arten von Gewalt (Peichl 2008: 21ff.). Nachfolgend wird nur die patriarchale Gewalt beschrieben, weil diese auch unter der Bezeichnung „[...] Misshandlungsbeziehungen [...]" (Peichl 2008: 24) beschrieben werden kann und Grundlage dieser Arbeit ist.

Die Bezeichnung patriarchale Gewalt hat ihren Ursprung in der Frauenbewegung und wird von Forscherinnen und Forschern behandelt, welche Familiengewalt aus der feministischen Perspektive betrachten. Die feministische Perspektive hat den Fokus auf Gewalt gegen Frauen durch ihre männlichen Partner gelegt. Patriarchale Gewalt ist die Folge patriarchaler Traditionen. Diese Begründung genügt für die Männer, ihre Frauen zu kontrollieren und zu besitzen. Die Täter möchten Macht über ihre Partnerinnen erhalten. Diese Form der Gewalt ist gekennzeichnet durch verschiedene Formen der Gewalt – siehe dafür Kapitel 1.3. Männer, die diese Form der Gewalt anwenden, malträtieren ihre Partnerinnen durch leichte und starke Gewalttaten (Johnson 1995: 284ff.). Die Häufigkeit und die Stärke der Gewalt werden im Verlauf der Partnerschaft gesteigert (Peichl 2008: 24).

Diese Art von Gewalt wird auch oft „Frauen schlagen" (wife beating), Gewaltanwendung gegen Ehefrauen (wife battery) und „geschlagene Frau" (battered women) genannt. Johnson vermeidet diese Ausdrücke, weil die Opferperspektive dominiert und den Frauen Verantwortung für die Taten zugeschrieben wird, auch wenn die Männer die alleinigen Verursacher der Gewalt sind. Johnson bevorzugt den Begriff der patriarchalen Gewalt, weil er die vorsätzliche und systematische Gewalt durch die Täter stärker betont (Johnson 1995: 284).

1.4.2 Lerntheoretische Erklärungsansätze

Innerhalb des Sozialisationsprozesses lernen Kinder gängige Gewaltformen der Familie zu übernehmen. Sie lernen mittels Gewalt Werte, Normen, Gewohnheiten und Rollen der Familie und der Gesellschaft kennen und übernehmen diese. Kinder lernen die Anwendung und Nützlichkeit von Gewalt (Goode 1971: 627). Goode betont in seiner Aussage die Gewalterfahrung in der Sozialisation. Sozialisation ist aber nicht zwingend mit Gewalt verbunden. Sozialisation ist grob formuliert ein „[…] Prozess, durch den ein Einzelner in eine größere soziale Gruppe oder Gemeinschaft eingegliedert wird, indem er die in dieser Gruppe vorherrschenden sozialen Normen und Rollenerwartungen und die zu ihrer Erfüllung erforderlichen Fähigkeiten und Fertigkeiten erlernt und in sich aufnimmt (Vergesellschaftung)." (Imbusch 2010: 41) Trautner (1992) ergänzt dies. Für ihn ist Sozialisation ein wechselseitiger Prozess. Die soziale Umwelt beeinflusst das Individuum und das Individuum beeinflusst seine soziale Umwelt (Trautner 1992: 137). Dennoch können Kinder in ihrer (Familien-)sozialisation Gewalt erleben und lernen (Pflegerl, Cizek 2001: 39). Das folgende Zitat soll Familie, Sozialisation und Gewalterfahrung zusammenbringen.

> „Die Familie ist die Institution und die soziale Gruppe, in der die Rollen von Mann und Frau sowie Eltern und Kindern erlernt werden. Das eigene Zuhause ist der wichtigste Ort, an dem man mit unterschiedlichen Stressfaktoren, Krisen und Frustrationen umzugehen lernt. In vielen Fällen ist das eigene Zuhause aber auch der Ort, am dem zum ersten Mal Gewalt erlebt wird. Dabei wird nicht nur das gewalttätige Verhalten selbst, sondern auch die Rechtfertigung eines solchen Verhaltens erlernt." (Gelles 2002: 1068)

Wie aber lernen Kinder Gewalt? Der Hintergrund für Gewalt in Familien liegt im Behaviorismus (Pflegerl, Cizek 2001: 39). Dieser verfolgt den Grundsatz, dass menschliche Handlungen äußeren Umweltreizen und Verstärkungen unterliegen bzw. von diesen beeinflusst werden (Raithel et al. 2009: 69) mit der Folge einer möglichen Verhaltensmodifikation (Pflegerl, Cizek 2001: 39). Besonders in den Fokus genommen wird hier das Lernen am Modell nach Bandura (Tedeschi 2002: 577). Damit die Erlernung von Gewalt in der Familie besser verstanden werden kann, wird unter Bezugnahme zu Raithel et al. (2009) und Taylor et al. (1994) ein Beispiel des Modelllernens gegeben. Die Kinder wenden ihr Verhalten in der Phase der Aufmerksamkeitszuwendung ihrem Vater zu, welcher ihre Mutter schlägt. In der Behaltphase speichern die Kinder das Verhaltensschema des Vaters ab und in der Reproduktionsphase üben sie das Verhalten. In der Verstärkungs- und Motivationsphase entscheiden die Kinder, ob sie das Verhalten ihres Vaters imitieren. Da der Vater mit seiner gewalttätigen Handlung sein Ziel erreicht hat – Verhaltensmodifikation der Mutter – ist es wahrscheinlich, dass die Kinder das Verhalten ihres Vaters imitieren (Raithel et al. 2009: 70, Lamnek et al. 2013: 94 zit. Taylor et al. 1994). Das folgende Zitat soll deutlich machen, inwieweit auch die Opferrolle gelernt werden kann. Es handelt von einer Frau, welche bereits in ihrer Kindheit durch ihre Eltern Gewalt erfahren hat und die Fortsetzung dieser in ihrer eigenen Ehe.

> „Meine Eltern vermittelten mir ein konservatives Rollenbild von Mann und Frau. Der Mann ist oberste und letzte Instanz, die Frau ist ihm mit den Kindern untergeordnet und hat klaglos zu funktionieren. […] Ich war in meinen Mann nicht verliebt, er war nur zu dieser Zeit der einzige, der mich wahrnahm. Sein Interesse galt aber nicht mir als Mensch oder gar als Frau, sondern der Hausfrau, Mutter und hin und wieder der Geliebten. Diese Verhaltensweise war ich von zu Hause gewöhnt. Als ich in der Hochzeitsnacht die erste Ohrfeige von meinem Mann bekam, dachte ich noch, das sei alles „normal"." (Egger et al. 1997: 50).

Das Lernen dieses Verhaltens lässt sich ähnlich wie das andere Beispiel erklären. Die Identifikation mit dem Opfer und somit die Verhaltensübernahme dessen wird durch erlernte Rollenbilder übernommen. Nicht nur wird Gewalt gelernt, sondern auch die Rechtfertigung dieser. Zum Beispiel wird der Mutter die Schuld für die Gewalt gegeben, weil diese nicht nach den Vorstellungen des Vaters gehandelt hat. Wenn das Gewaltverhalten imitiert bzw. weitergegeben wird, kann in diesen Fällen behauptet werden, dass die Kinder, welche selbst Gewalt beobachtet oder erlebt haben, Täterinnen und Täter oder Opfer werden (Gelles 2002: 1068). Die Wahrscheinlichkeit von Gewaltgebrauch als Erwachsener steigt, wenn in der Kindheit Gewalt gelernt wurde (Dlugosch 2010: 32). In Bezug auf das o. g. Beispiel könnte dies bedeuten, dass ein Junge, welcher in seiner Kindheit Gewalt zwischen seinen Eltern beobachtet hat, als erwachsener Mann seine Partnerin mit Gewalt zu einer Verhaltensmodifikation drängen wird.

In ihrer wichtigsten Sozialisationsphase lernen Kinder wie Konflikte und zwischenmenschliche Konflikte bewältigt werden. Haben sie gelernt, dass dies mittels Gewalt funktioniert, werden sie dieses Verhalten aller Wahrscheinlichkeit nach imitieren und in ihre eigenen Verhaltensmuster aufnehmen. Dieses Verhaltensmuster ist das einfachste, weil es vertraut ist, Sicherheit gibt und keiner Änderungen bedarf. Es funktioniert allerdings auch, aus diesem Kreislauf auszubrechen. Dann müssen die Handelnden jedoch Kraft, Energie und Willen besitzen, da sie auf die gewohnten Verhaltensmuster nicht zurückgreifen können (Bauriedl 2001: 24ff.).

1.4.3 Ressourcentheorie

Je mehr Machtträger bestehen, desto mehr Ressourcen oder Kapitalanlagen hat eine Person (Gelles 2002: 1068). Ressourcen und Kapitalanlagen werden an dieser Stelle nach Bourdieu definiert, da diese von ihm ausführlich dargestellt werden.

Kapital teilt Bourdieu auf in ökonomisches, kulturelles und soziales Kapital (Bourdieu 2005: 49ff.). Das ökonomische Kapital ist nach Bourdieu (2005) „ [...] unmittelbar und direkt in Geld konvertierbar und eignet sich besonders zur Institutionalisierung in der Form des Eigentumsrechts [...]." (Bourdieu 2005: 52) Ökonomisches Kapital steht auch in Zusammenhang mit Warenaustausch. Kulturelles Kapital ist für Bourdieu inkorpiertes Kapital. Es ist nicht vom menschlichen Körper zu trennen und kann nicht auf andere Personen übertragen werden. Die Aneignung dessen ist mit Zeit und Aufwand verbunden. Konkreter heißt verinnerlichtes bzw. inkorpiertes Kapital die Aneignung von Fähigkeiten, Fertigkeiten, also Bildung, welche nicht unbedingt an Bildungstitel gebunden sind. Die zweite Form des kulturellen Kapitals ist das objektivierte Kulturkapital. Dieses ist Bildung, die in Objekten wiedergegeben wird. Konkreter bedeutet das, dass z. B. Bücher zwar in objektiver Form bestehen, aber deren Inhalt ist Bildung, welche von der Verfasserin oder dem Verfasser von subjektiver auf objektive Form übertragen wurde. Es ist der Besitz – welcher aber durch ökonomisches Kapital erzielt wird – und das Verständnis von Kulturgütern. Die dritte Form des Kulturkapitals ist das institutionalisierte Kulturkapital. Dies sind schulische und akademische Titel, welche institutionell bestimmt sind und Personen mit gleichen Titeln vergleichbar machen. Das soziale Kapital sind die Ressourcen, welche sich aus zwischenmenschlichen Beziehungen ergeben, institutioneller oder privater Art. Sie geben der oder dem Einzelnen Sicherheit und lassen persönlichen Nutzen erwarten. Das Aktivieren neuer Kontakte steht im Zusammenhang mit dem subjektiven ökonomischen und kulturellen Kapital. Die Gelegenheiten jemanden zu treffen, welcher über gleiches Kapital verfügt, sind wahrscheinlich. Zwischenmenschliche Beziehungen müssen gepflegt werden – z. B. durch gegenseitige Gefälligkeiten (Bourdieu 2005: 52ff.). Ergänzend zu diesen Kapitalanlagen führt Gelles (2002) noch persönliche Ressourcen auf. Dies inkludiert die Fähigkeit zur zwischenmenschlichen Kommunikation. Näher geht er aber auf diese nicht ein (Gelles 2002: 1068). Kapital ist an dieser Stelle gleichbedeutend mit Ressourcen zu verstehen.

Je mehr ökonomische, kulturelle und soziale Ressourcen Menschen besitzen, desto mehr Macht und umso mehr Möglichkeiten haben sie, diese gegen andere Personen auszuspielen. Menschen, die über viele Ressourcen verfügen, sind mächtig und können diese Macht auch ohne Androhung von Zwang äußern oder symbolisieren (Gelles 2002: 1068f.), durch positive Überzeugungsformen (Tedeschi 2002: 581f.), wie z. B. durch „[…] Überredung, Tauschangebote, Versprechen, Bündnisbildung und Vorbildhandeln." (Tedeschi 2002: 582) Menschen, die gerne über Macht verfügen würden, diese aber auf Grund mangelnder Ressourcen nicht besitzen, suchen sich andere Möglichkeiten, diese zum Ausdruck zu bringen. Da sie über oben genannte Möglichkeiten auf Grund mangelnder Kapitalanlagen nicht verfügen, werden sie auf Formen der Gewalt zurückgreifen (Gelles 2002: 1068f.). Das Verhalten anderer wird sozial kontrolliert, um eine Verhaltensmodifikation des Gegenübers zu erreichen, aber nur, wenn keine anderen Möglichkeiten bestehen (Lamnek et al. 2013: 90). Auch wird Gewalt angewendet, wenn Wünsche und Bedürfnisse nicht formuliert werden können (Kolk, Streeck-Fischer 2002: 1033).

1.4.4 Stress- und Bewältigungstheorie

Häusliche Gewalt entsteht auf Grund von Stress oder auf Grund eingeschränkter Bewältigungsstrategien (Gelles 2002: 1068). Stress ist verantwortlich dafür, dass in gewissen Situationen nicht mehr mit normgleichen Bewältigungsformen reagiert werden kann. Der Selbstwert muss durch normwidriges Verhalten aufrechterhalten werden (Böhnisch 2010: 21f.). Umso mehr Stresssituationen die Familie belasten, desto wahrscheinlicher wird häusliche Gewalt. Äußere Belastungsfaktoren sind z. B. Arbeitslosigkeit, Schwierigkeiten am Arbeitsplatz, geringer Erwerbsverdienst, Alkohol- oder Drogenabhängigkeit, Familienkonflikte, Partnerprobleme und Trennung (Pflegerl, Cizek 2001: 41 zit. Straus 1980, Straus et al. 1980, Creighton 1979, Habermehl 1994). Familie und Arbeitsplatz sind nicht miteinander zu vereinbaren, weil die Wirtschaft und die Arbeitgeberinnen und Arbeitgeber Rationalität fördern und nicht emotionsfokussiert handeln. Die Familien haben so in größerem Maße die

Emotionen der erwerbstätigen Familienmitglieder auszugleichen. Familien bieten Raum für Gewalt, denn Belastungen müssen bewältigt werden. Zumindest dann, wenn es zu wenige außerfamiliäre Ausgleichsmöglichkeiten gibt (Böhnisch 2010: 95f.). Gewalt kommt einer ausgleichenden Wirkung nah. Oftmals werden von den gewaltausübenden Personen Stresssituationen als Entschuldigungen für Gewalthandlungen benutzt (Kaiser 2012: 37).

1.5 Erklärungsansätze weiblicher Gewalterduldung

Aus allen folgenden Erklärungsmustern weiblicher Gewalterduldung darf nicht geschlussfolgert werden, dass die Frauen verantwortlich für ihre Situation sind. Schuld sind nur die gewalttätigen Partner der Frauen (Helfferich 2004: 147f.).

1.5.1 Verantwortungs- und Qualitätsübernahme für die Partnerschaft

Der Alkoholkonsum oder die Alkoholabhängigkeit von Männern, die ihre Frauen misshandeln, lässt die Hemmungen sinken, denn die Gewaltsituation eskaliert eher als in nüchternem Zustand und alkoholisierte Männer sind weniger bereit für Übereinkommen. Alkohol stellt in diesem Sinne einen Risikofaktor dar. Auch hindert erhöhter Alkoholkonsum oder eine Alkoholabhängigkeit des Partners eine von durch ihren Mann Gewalt betroffene Frau, eine Trennung zu vollziehen. Frauen haben das Gefühl, Verantwortung für ihre Partner übernehmen zu müssen. Sie geben nicht ihren Partner die Verantwortung für Gewalthandlungen, sondern dem Alkohol. Sie sind der Überzeugung, dass sich bei Reduzierung oder Beendigung des Alkoholkonsums, keine Gewalthandlungen mehr ereignen. In dieser Hinsicht haben die Frauen fortlaufend die Hoffnung auf Verbesserung der Qualität der Partnerschaft (Egger et al. 1997: 94). Auch Öffentlichkeit und Justiz sind dieser Meinung. Alkohol sei eine Erklärung für schlimme Verhaltensweisen. Nach patriarchalen Ansätzen haben Frauen ihre Bedürfnisse Männern unterzuordnen, siehe dazu auch Kapitel 1.4.1. Aus Sicht der Männer, welche traditionelle Rollenbilder unterstützen sind Frauen für das Gelingen der Partnerschaften verantwortlich. Innerhalb gewaltgeprägter Beziehungen unterstützen Frauen Männern in ihren Ansichten und ordnen ihre eigenen Bedürfnisse unter die Bedürfnisse der Männer. Diese Frauen bringen eine starke Verantwortung für ihre Männer auf, fühlen sich für ihr Wohlbefinden verantwortlich und verlassen oftmals aus diesen Gründen nicht die Partnerschaft (Brückner 2009: 796f.)

Sofern es zu einer Trennung kommt, haben Frauen dementsprechend Schuldgefühle, Angst vor Einsamkeit und der Zukunft. Schuldgefühle entwickeln sich aus der Befürchtung heraus, zu wenig Mühe und Einsatz für die Partnerschaft aufgewendet zu haben (Egger et al. 1997: 102). Das folgende Beispiel soll das Verantwortungsgefühl und die Entstehung von Schuldgefühlen verdeutlichen.

> „Ich habe es 15 Jahre versucht, habe mich dabei selbst verstümmelt. Ich weiß, es hat keinen Sinn. Aber jedesmal, wenn ich mir sage, „ich will nicht mehr", kommt sofort das schlechte Gewissen und die Angst, nicht alles versucht zu haben. Vielleicht war ich ganz nahe dran, gerade jetzt darf ich nicht aufgeben." (Egger et al. 1997: 102).

An Hand dieses Beispiels wird deutlich, dass zu jedem Zeitpunkt, zu welchem eine Trennungsabsicht besteht, das Gefühl vorhanden ist, dass der Zeitpunkt noch kommen wird, zu welchem sich die Qualität der Beziehung durch Engagement der Frauen verbessern wird.

Die Misshandlung von Männern an ihren Partnerinnen findet nicht dauernd statt. Zu anderen Zeiten sind sie liebenswürdig, verletzlich und hilfsbedürftig. Wenn Frauen Trennungsabsichten haben, werden sowohl die bösartigen als auch die liebenswürdigen Charakterzüge der Partner berücksichtigt. Ein Verantwortungsgefühl stellt sich ein und das Gefühl, dass die Partner ohne die Verfügbarkeit der Frauen nicht zurechtkommen würden (Brückner 1987: 125f.). Trotz der Gewalt haben die Frauen Liebesgefühle für ihre Partner. Das Festhalten an der Gewaltbeziehung kann auch damit begründet werden, dass die Frauen über keine anderen sozialen Kontakte verfügen (Honig 1986: 180).

Ein weiterer Grund die Partner nicht zu verlassen ist die ökonomische Abhängigkeit. Die Frauen haben Angst vor der Zukunft. Nach einer Trennung entstehen höhere Kosten für die Einzelnen, weil zwei Wohnungen unterhalten werden müssen. Nach der Trennung wird es den Frauen finanziell schlechter gehen (Gemünden 1996: 253ff.).

1.5.2 The battered woman syndrome – Cycle of Violence

Der Begriff „battered woman syndrom" entstand im Jahr 1977. Zu ihren Ergebnissen kam Walker durch die Interviewdurchführung mit 400 Frauen, welche in einer Misshandlungsbeziehung lebten. Obwohl der Begriff „battered woman syndrom" älter ist als der Begriff der posttraumatischen Belastungsstörung, kann er heute der posttraumatischen Belastungsstörung zugeordnet werden. Das „battered woman syndrom" in seinem Ursprung beschreibt die Symptome einer misshandelten Frau. Die Misshandlung ist gekennzeichnet durch in Kapitel 1.3 genannte Formen der Gewalt. Das Ziel der Täter ist das Erlangen der generellen Kontrolle über ihre Partnerinnen (Walker 2009: 41f.). An Hand von sechs Kriterien kann das „battered woman syndrom" identifiziert werden:

1. "Intrusive recollections of the trauma event(s).
2. Hyperarousal and high levels of anxiety.
3. Avoidance behavior and emotional numbing usually expressed as depression, dissociation, minimization, repression and denial.
4. Disrupted interpersonal relationships from batterer`s power and control measures.
5. Body image distortion and/ or somatic or physical complaints.
6. Sexual intimacy issues." (Walker 2009: 42)

Diese Symptome sind teilweise konform mit der posttraumatischen Belastungsstörung. Obwohl nicht alle misshandelten Frauen mit einer posttraumatischen Belastungsstörung diagnostiziert werden können, sind es dennoch viele und wenn nicht, sind sie der Diagnose sehr nahe (Walker 2009: 42ff.).

Nachfolgend wird der in der Ursprungsarbeit entstandene Gewaltkreislauf – der Cycle of Violence – beschrieben. Es ist möglich, den Kreislauf zu durchbrechen und die Gewaltbeziehung zu verlassen. Dies ist schwierig, weil es Energie kostet, die Frauen schon viel Engagement in die Partnerschaft investiert haben und sie auf Besserung hoffen (Walker 2009: 91ff.).

Die erste Phase des Cycle of Violence, the tension-building (Phase des Spannungsaufbaus) ist gekennzeichnet durch sich aufbauende Spannungen und Eskalationen. Die Täter agieren diskret und provozieren Reibungspunkte durch leichtere Gewalthandlungen, wie z. B. die Anwendung psychischer Gewalt und leichte Schläge – Unzufriedenheit und Feindseligkeit manifestieren sich. Die Frauen versuchen ihre Partner zu beruhigen und ihren Wünschen entsprechend zu handeln, was eine Vernachlässigung ihrer eigenen Bedürfnisse bedeutet. Die Frauen sind davon überzeugt, dass sie die Stimmungen und das Handeln ihrer Partner steuern können (Walker 2009: 91).

In der zweiten Phase, der acute battering incident (akutes Gewaltereignis), entladen die sich aufgebauten Spannungen. Die Situation eskaliert und es kommt zu akuten

Gewalthandlungen seitens der Täter. Die betroffenen Frauen haben in solchen Situationen Angst, treffen entsprechende Vorsichtsmaßnahmen, um ihre Verletzungen zu reduzieren und versuchen, ihre Körper zu schützen. Frauen reagieren mit Flucht, Vermeidung, Abwehr oder Erduldung – können aber dennoch die Gefahr nicht abwenden, auch wenn sie versuchen, die Täter zu beruhigen. Während dieser Phase entstehen schwere Verletzungen. Die Betroffenen können das Ende der Akutsituation erst einschätzen, wenn sie einen Spannungsabbau seitens der Männer feststellen können (Walker 2009: 94).

Die dritte Phase des Gewaltkreislaufes wird loving-contrition (Phase der liebevollen Reue) genannt. Die Spannungen der Täter haben sich abgebaut. Die Täter entschuldigen sich bei ihren Partnerinnen, zeigen Reue, machen ihnen Geschenke und Versprechungen. Versprechungen auf eine gewaltfreie Beziehung zweifeln die Täter selbst nicht an. Die Frauen haben dementsprechend Hoffnung auf Verbesserung und verzeihen ihren Partnern. Die Phase der Verliebtheit stellt sich erneut ein und die Männer verhalten sich ihren Partnerinnen gegenüber respekt- und liebevoll (Walker 2009: 94f.). Das Zurückkehren aus dem Frauenhaus kann eine Folge dieser Phase sein (Peichl 2008: 40f.). Gelegentlich bleibt aber die vierte Phase aus, wenn z. B. die Gewalt ein zu hohes Maß hatte oder sie wird ersetzt durch das Ausbleiben von Spannungen (Walker 2009: 94f.).

Die folgende Abbildung des Cycle of Violence dient der Veranschaulichung.

Abbildung 1: Typical Cycle of Violence

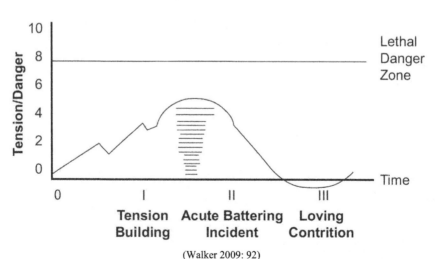

(Walker 2009: 92)

Auf der X-Achse sind die im obigen Kapitel beschriebenen Phasen platziert. Zusätzlich beschreibt sie die Zeit, welche eine Phase in Anspruch nimmt. Die Y-Achse dokumentiert den Grad der Gefahr. Grad zehn beschreibt das Höchstmaß an Gefahr. Bereits bei Grad acht besteht Lebensgefahr für die Opfer. Diese Gefahrenzone ist gekennzeichnet durch eine Linie, welche waagerecht zur X-Achse verläuft. Die obige Abbildung beschreibt den Normalverlauf des Cycle of Violence (Walker 2009: 92).

1.5.3 Vier Muster: Frauen in Gewaltbeziehungen

Auf der Grundlage von Interviews beantwortet Helfferich (2004) die Frage nach der aktiven bzw. passiven Partizipation der Frauen an ihrer Gewaltbeziehung. Sie entwickelte vier Muster zur Beschreibung ihrer aktiven und passiven Haltung (Helfferich 2004: 39).

Das erste Gewaltbeziehungsmuster ist die „zeitnahe Trennung nach relativ kurzer Zeit". Die Beziehung ist von kurzer Zeit geprägt und von einmaligen oder zunehmenden Gewalthandlungen, welche einhergehen mit zunehmenden Konflikten. Frauen trennen sich in der Folge der Gewalthandlung(en) von ihren Partnern oder mit vorausgehender Überlegung, weil sie das Vertrauen in ihre Partner verloren haben. Sie betrachten sich als selbstbewusste, aktive Frauen, welche stärker sind als ihr Partner. Es findet keine Schuldübernahme für die Gewalt statt, sie geben den Männern die Schuld für die Taten, auch wenn die Schuld teilweise im Alkohol gesucht wird (Helfferich 2004: 42f.).

Das zweite Muster ist gekennzeichnet durch „neue Chancen". Die Frauen befürworten eine Fortführung der Partnerschaft. Sie gehen die Beziehung aktiv an und versuchen, sie zu verändern. Die Gewalt gehört zu ihrem Beziehungsalltag. Sie sind der Überzeugung, dass sich durch eine Veränderung der Partner keine Gewalthandlungen mehr ergeben und der Alltag der Familien ohne Gewalt fortgesetzt werden kann. Die Männer müssten dies einsehen oder eine Therapie beginnen (Helfferich 2004: 43f.).

In dem Muster „fortgeschrittener Trennungsprozess" steigert sich die Gewalt in der Partnerschaft bis zur Eskalation. Die Täter überschreiten regelmäßig Grenzen. Je gewalttätiger die Männer allerdings sind, desto aktiver und handlungsfähiger werden die betroffenen Frauen. Mit vermehrter Gewalt steigt die Bereitschaft der Frauen, die Beziehung zu verlassen. In diesem Muster, wurde die Trennung vollzogen, weil die Männer eine Grenze, welche sich die Frauen gesetzt hatten, überschritten haben (Helfferich 2004: 44f.).

Das vierte Muster bildet die „ambivalente Bindung". Bei diesem Muster sind gegenteilige Handlungen zum „fortgeschrittenen Trennungsprozess" festzustellen. Je länger die Gewaltbeziehungen bestehen, desto seltener sind aktive Handlungsversuche der Betroffenen und umso größer ist ihre Hilfslosigkeit. Einzige Reaktionen seitens der Frauen sind die Beruhigung der Partner, der Verzicht auf Widersprechen und auf polizeiliche Anzeigen – größtenteils also passive Vorgehensweisen. Die Bindung dieser Frauen an ihre Partner ist so groß, dass sie ihn nicht verlassen können. Gefühle sind Ratlosigkeit, Hilfslosigkeit, Gefühle der Ohnmacht und Unwirksamkeit. Auch wenn Frauen, welche diesem Gewaltmuster entsprechen, wissen, dass eine Trennung vom Partner sinnvoll wäre, können sie diese nicht verwirklichen. Einer Trennung folgt eine Versöhnung und einer damit einhergehenden Fortführung der Partnerschaft. Es ist ein Teufelskreis und am ehesten mit der in Kapitel 1.5.2 beschriebenen Gewaltspirale zu vergleichen. Die ambivalente Bindung an den Partner ist auch mit dem „Stockholm-Syndrom" zu vergleichen (Helfferich 2004: 46ff.). Das „Stockholm-Syndrom" beschreibt eine Verhaltensweise von Opfern, welche eine intensive Bindung an ihren Täter entwickeln. Dieses Verhalten ist als Überlebensstrategie zu beschreiben. Um von einem „Stockholm-Syndrom" sprechen zu können, müssen vier Merkmale bestehen: Bedrohung des Opfers, keine vorhandenen Fluchtmöglichkeiten, soziale Isolation und wechselnde Bösartigkeit und Freundlichkeit der Täter. Die einzige Bezugsperson sind die Täter, die ihnen lebensnotwendige Bedürfnisse erfüllen können (Urscheler 2002: 17f.). Durch die zunehmende Hilflosigkeit und den damit einhergehenden Verlust von Ressourcen, kann sich die Bindung an die Täter verstärken. Die Opfer sind abhängig von ihren Tätern, was insbesondere durch soziale Gewalt verstärkt wird (Helfferich 2004: 46f, 145).

1.5.4 Beendigung der Gewalterduldung

Helfferich (2004) hat ein Konzept erarbeitet mit dem erklärt werden kann, aus welchen Gründen Frauen die Misshandlungsbeziehung verlassen.

Nachdem die Täter das erste Mal gewalttätig geworden sind, haben die betroffenen Frauen die Möglichkeit, die Beziehung zu verlassen. Dies wird u. a. von Frauen, welche dem Muster der „raschen Trennung nach relativ kurzer Zeit" entsprechen, durchgeführt. Männer äußern, dass Frauen sich an die Misshandlung gewöhnen. Daher behalten Frauen ihre Würde eher, wenn sie nach dem z. B. ersten Schlag die Partnerschaft beenden, so die Interviewten (Helfferich 2004: 146).

Verlassen die Frauen nicht die Beziehung, kann es zu weiteren und schlimmeren Gewalthandlungen führen. Aber mit jeder Gewalthandlung bieten sich neue Möglichkeiten, die Partnerschaft zu beenden. Nach einer erneuten Eskalation der Gewalt können Trennungsversuche unternommen werden. Jede Steigerung der Gewalt kann die Abneigung gegen die Partner steigern und somit bilden sich neue Ressourcen. Es besteht die Möglichkeit den Partnern erstmalig verbal zu kontern oder mit Trennung zu drohen (Helfferich 2004: 146f.).

Manchmal braucht es für das Verlassen der Beziehung eine Situation, in welcher die betroffenen Frauen merken, dass sie so nicht weiterleben können. Dieser Hinweis kann auch durch Außenstehende erfolgen. Die Betroffenen brauchen eine Rechtfertigung für das Verlassen der Beziehung. Die Situation ist eskaliert und sie trauen sich, die Partnerschaft zu verlassen. Weniger eskalierende Gründe sind für Betroffene keine Rechtfertigung, die Beziehung zu beenden. Entscheidungen können vorerst auf kleinerem Niveau stattfinden, so z. B. das Aufsuchen einer Anwältin oder eines Anwalts (Helfferich 2004: 147).

1.6 Folgen von Partnergewalt gegen Frauen

Nachfolgend werden die Folgen der Gewalt erklärt. Diese sind gegliedert in physische, psychische und psychosoziale Folgen. Auch ist der erhöhte Substanzmittelkonsum eine Folge.

1.6.1 Physische Folgen von Gewalt

Innerhalb der Studie „Lebenssituation, Sicherheit und Gesundheit von Frauen in Deutschland" von Müller und Schröttle (2004) werden die Verletzungsfolgen von Frauen nach Gewalthandlungen erfasst. Diese Studie ist die einzige, welche repräsentativen Wert hat und das gesamte Bundesgebiet einschließt (Dlugosch 2010: 27). Abbildung 2 zeigt die Verletzungsfolgen, die Frauen seit dem 16. Lebensjahr nach Gewalthandlungen erlitten haben. Rund 17 Prozent der befragten Frauen erlitten Verletzungen durch körperliche Gewalt (n=1712). Nicht alle Befragten machten Angaben zu der Frage, ob sie körperliche Gewalt erlebt haben. Diese Angaben beziehen sich auf Frauen, die körperliche Gewalt erlebt haben, nicht aber speziell auf Frauen, die Partnergewalt erlebt haben. Die Frauen konnten mehrere Antworten geben (Müller, Schröttle 2004: 55f.). Die folgende Abbildung fasst die Ergebnisse gut zusammen.

Abbildung 2: Verletzungsfolgen von Frauen nach körperlichen Gewalthandlungen

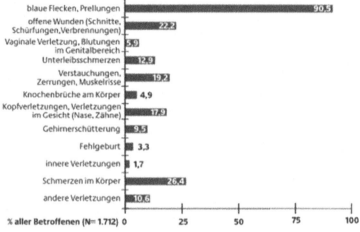

(Müller, Schröttle 2004: 56)

Die Grafik veranschaulicht, welche Verletzungsfolgen auftreten und wie die Häufigkeit dieser ist. Die häufigste Verletzungsfolge sind blaue Flecken und Prellungen, welche häufig in Verbindungen mit anderen Verletzungen auftreten. Zu 26,4 Prozent gaben die Frauen an, Schmerzen im Körper gehabt zu haben und zu 22,2 Prozent offene Wunden. Verstauchungen, Muskelrisse und Zerrungen erlitten 19,2 Prozent der Befragten. Hingegen waren innere Verletzungen, Fehlgeburten und Knochenbrüche relativ selten Folge von Gewalt. Für weitere Zahlen vergleiche Abbildung 2 (Müller, Schröttle 2004: 56).

42 Prozent der befragten Frauen litten lediglich an blauen Flecken und Prellungen und 58 Prozent nannten darüber hinaus noch weitere Verletzungsfolgen. Wenn die Gewalt durch einen aktuellen oder früheren Partner ausgeübt wird, sind die Verletzungsfolgen deutlich höher, als wenn die Täter in einem anderen Verhältnis zu den Frauen stehen. Auf die Frage, wer der Täter der schlimmsten oder einzigen körperlichen Gewalthandlung war, antworteten 62 Prozent, dass der aktuelle oder frühere Partner der Täter war (Müller, Schröttle 2004: 56ff.).

Neben den Verletzungsfolgen werden in der gleichen Studie die gesundheitlichen Folgen erfasst, welche Frauen – hier unter besonderer Berücksichtigung der Gewalt in einer aktuellen oder ehemaligen Partnerschaft – erlitten haben. Um zusehen, welches Ausmaß dies annehmen kann, werden nachstehend einige Beispiele genannt. Gesundheitliche Folgen können in Form von Kopf-, Bauch-, Rücken-, Brust und Gliederschmerzen, Problemen im Magen-Darm-Bereich, Ess- und Durchblutungsstörungen, Lähmungserscheinungen, Herz-Kreislauf-Erkrankungen, nervösen Zuckungen, Beeinträchtigungen der Sinnesorgane, Haarausfall, eingeschränkter sexueller Lust, Menstruationsstörungen, Probleme innerer Organe, etc. auftreten (Müller, Schröttle 2004: 155ff.).

Hellbernd et al. (2005) unterscheiden zwischen körperlichen und psychosomatischen Folgen von Gewalt an Frauen (Hellbernd et al. 2005: 330). Durch Gewalthandlungen können körperliche Symptome entstehen, welche nicht direkt in Zusammenhang mit der Gewalthandlung stehen. Psychosomatische Beschwerden liegen vor, wenn die Symptome über die Gewalthandlung weiter andauern oder auch wenn diese schon weiter zurückliegt (Homberg et al. 2008: 16). Diese Erkenntnisse beziehen sich zwar auf von Gewalt betroffene Frauen, nicht aber speziell auf Frauen, die Opfer von Partnergewalt waren oder sind.

1.6.2 Psychische Folgen von Gewalt

Müller und Schröttle (2004) behandeln in ihrer Studie auch die psychischen Folgen von Gewalt an Frauen. Sie erheben, welche psychischen Folgen mit welchen Formen von Gewalt in Zusammenhang stehen und wie hoch die Prävalenzen jeweils sind. Die befragten Frauen konnten mehreren Items zustimmen. Psychische Folgen von Gewalt an Frauen sind zum Beispiel Niedergeschlagenheit/Depression, Schlafstörungen, erhöhte Anfälligkeit für Krankheiten, geringes Selbstwertgefühl, Ängste, Ärger- oder Rachegefühle, Probleme im Umgang mit Männern, Probleme in Partnerschaften, Scham- und Schuldgefühle, Antriebslosigkeit, Suizidgedanken, Essstörungen und dauerndes Grübeln. Bei allen Formen der Gewalt sind hohe Werte bei den Kategorien geringes Selbstwertgefühl und Ärger- oder Rachegefühl zu entnehmen. Bei der Kategorie Probleme in Partnerschaften bestehen bei psychischen Folgen durch psychische Gewalt Werte von 21,5 Prozent, bei psychischen Folgen durch physische Gewalt Werte von 18,7 Prozent und bei psychischen Folgen durch sexualisierte Gewalt Werte in der Höhe von 27,3 Prozent. Große Scham- und Schuldgefühle beeinträchtigen die Behandlung von Folgen, welche aus sexuellen Gewalthandlungen durch Bezugspersonen entstehen (Müller, Schröttle 2004: 138ff.). Auch bei diesen Erkenntnissen wurden die Folgen der Gewalt gegen Frauen nicht speziell für Folgen von Partnergewalt erhoben. Die Daten liefern einen Überblick über mögliche psychische Folgen von Partnergewalt.

Das Selbstwertgefühl der Frauen kann insoweit beeinträchtigt sein, dass sie der Überzeugung sind, die Gewalt ihrer Partner sei gerechtfertigt, weil ihre Person keinen besseren Umgang erlaube. Vermindertes Selbstwertgefühl von Partnergewalt betroffener Frauen kann sich auch dadurch äußern, dass sie der Meinung sind, dass die Gewalthandlungen den Wert ihrer Person senken würden. Weitere psychische Folgen die im Zusammenhang mit Partnergewalt gegen Frauen stehen sind Furcht, Vermeidung Angst, Schlafstörungen und Albträume, Konzentrationsprobleme, Gefühle des Ärger, der Wut und der Traurigkeit, Scham sowie Suizid (Dutton 2002: 92ff.). Die Darstellung der Folgen an dieser Stelle dient der Demonstration vorhandener psychischer Folgen, die im Zusammenhang mit Partnergewalt erhoben wurden. Auch sind Zusammenhänge der von Müller und Schröttle erhobenen Daten zu erkennen.

Posttraumatische Belastungsstörungen können auch eine Folge von Partnergewalt gegen Frauen sein (Benikowski, Willeke 2012: 226, Butcher et al. 2009: 131, Dutton 2002: 82ff.). Dies trifft auch auf Depressionen zu (Wolz 2009: 131).

1.6.3 Psychosoziale Folgen von Gewalt

Psychosoziale Folgen entstanden zu circa 30 Prozent aus körperlicher Gewalt, zu 34 Prozent aus sexualisierter Gewalt und zu circa 30 Prozent aus psychischer Gewalt. Psychosoziale Folgen sind Umzug, Trennung vom Lebenspartner, Kontaktabbruch mit der Herkunftsfamilie, berufliche Veränderung, Therapie und stationäre Behandlung. Die meisten Frauen konnten mehrere psychosoziale Folgen nennen. Die psychosozialen Folgen wurden nach den Formen der Gewalt kategorisiert. Die am häufigsten genannte psychosoziale Folge ist die Trennung vom Lebenspartner mit durchschnittlich 62 Prozent. Erlebten Frauen körperliche oder sexualisierte Gewalt war die Trennung vom Partner eine besonders häufige Folge. 78,5 Prozent der Frauen, welche körperliche Gewalt erlebten, trennten sich von ihrem Partner und Frauen, welche sexualisierte Gewalt erlebten, zu fast 80 Prozent. Dies korreliert insofern, dass in vielen Fällen Partner und Täter dieselbe Person waren. In den Kategorien körperliche und sexualisierte Gewalt war der Umzug die Angabe, welche nach der Trennung vom Lebenspartner am häufigsten genannt wurde. Dies kann auch mit der Trennung vom Partner in Zusammenhang stehen (Müller, Schröttle 2004: 146ff.). Aus den Ausführungen lässt sich schließen, dass nicht alle Angaben bezüglich der psychosozialen Folgen in der Studie im Zusammenhang von Partnergewalt erhoben wurden. Deshalb werden nachfolgend nochmal Ergebnisse von Dutton (2002) angebracht. Durch die Trennung von den Partnern sind die Partner der Frauen nicht mehr Bestandteil ihres Lebens. Sie müssen den Wohnort wechseln und können ihren Lebensstandard nicht mehr aufrechterhalten (Dutton 2002: 87).

Warum verlieren Frauen, welche Opfer häuslicher Gewalt sind, häufiger ihren Arbeitsplatz? Auf Grund der Gewalterfahrung sind Betroffene weniger leistungsfähig und die Folgen häuslicher Gewalt können sie in ihrer Arbeitsleistung einschränken (TERRE DES FEMMES 2013). Die berufliche Leistungsfähigkeit kann durch Empfindungen der Verzweiflung beeinträchtigt werden (Dutton 2002: 98f.).

Daneben können von Partnergewalt betroffene Frauen auch freundschaftliche Beziehungen nicht mehr einwandfrei koordinieren, auf Grund von Niedergeschlagenheit und Ärger. Die Gewaltbeziehung nimmt einen übergeordneten Raum im Leben der Frauen ein (Dutton 2002: 87ff.). Hier ist der Zusammenhang zu Kapitel 1.6.2 zu erkennen. Es wird bestätigt, dass Gefühle der Niedergeschlagenheit eine Folge von Partnergewalt sind, was in dem Kapitel selber nicht bestätigt wurde.

Frauen, welche Opfer von Partnergewalt waren oder sind, haben oftmals die Befürchtung, dass Gewalt gegen ihre Person auch Bestandteil einer neuen Partnerschaft sein wird. Den Frauen fällt es schwer zu Partnern, Männern oder generell Menschen ein gesundes Vertrauensverhältnis aufzubauen. Auch werden Verhaltensweisen der ehemaligen, gewalttätigen Partner in neue Intimpartner projiziert, so dass sie auf diese mit Angst und Ärger reagieren (Dutton 2002: 104).

1.6.4 Substanzmittelkonsum

Es wird die Frage nach dem Alkoholkonsum von Frauen, welche durch ihren (Ex-) Partner Gewalt erfahren haben, beantwortet. Frauen mehrerer Opferberatungsstellen wurden zu dem Thema befragt. Von 1013 befragten Frauen, welche durch ihren Partner Gewalt erfahren haben, trinken rund 53 Prozent keinen Alkohol, rund 41 Prozent weisen einen unproblematischen Alkoholkonsum auf und rund fünf Prozent einen problematischen Alkoholkonsum (Gloor, Meier 2013: 58ff.). Es bleibt allerdings die Frage offen, ob der Alkoholkonsum eine Folge der Partnergewalt ist oder ob er schon vor der Gewaltbeziehung bestand.

Gewalthandlungen an Frauen können zum Substanzmittelgebrauch der Frauen führen. Aus der unten stehenden Tabelle können die Zahlen der Ergebnisse abgelesen werden. Mehrfachnennungen waren möglich (Müller, Schröttle 2004: 149f.).

Abbildung 3: Substanzmittelgebrauch von Gewalt betroffenen Frauen

Drogen-/Medikamenten-Einnahme infolge der Gewaltsituation	Psychische Gewalt	Sexuelle Belästigung	Körperliche Gewalt	Sexuelle Gewalt
	Betroffene, psychische Gewalt N=4.135	Betroffene, sexuelle Belästigung N=5.763	Betroffene, schlimmste Situation N=2.777	Betroffene, schlimmste Situation N=1.004
Ja, gesamt:	19,0%	9,3%	8,7%	14,9%
Alkohol	6,8%	2,8%	3,2%	6,7%
Drogen	1,5%	0,7%	0,9%	1,5%
Beruhigungs-/Schlafmittel	9,1%	3,1%	5,2%	9,4%
Antidepressiva	4,2%	1,4%	2,3%	2,8%

(Müller, Schröttle 2004: 150)

Sexualisierte Gewalt hat den höchsten Substanzmittelgebrauch zur Folge. Besonders hoch ist die Einnahme von Beruhigungs- und Schlafmitteln als Folge sexualisierter Gewalt. Auch insgesamt werden von allen aufgeführten Substanzmitteln am häufigsten Beruhigungs- und Schlafmittel eingenommen, gefolgt von Alkohol. Drogen haben dagegen eine geringere Bedeutung (Müller, Schröttle 2004: 149f.). Aus diesen Ausführungen geht nicht hervor, dass sich die Ergebnisse speziell auf von Partnergewalt betroffene Frauen beziehen.

Frauen konsumieren Substanzmittel, weil diese Angstgefühle und andere negative Gefühle beheben können (Dutton 2002: 98).

1.7 Prävalenzen von Partnergewalt gegen Frauen

Wenn von Partnergewalt die Rede ist, ist fast immer Männergewalt gegen Frauen gemeint. Das steht damit in Zusammenhang, dass Partnergewalt gegen Frauen in der Vergangenheit durch die Frauenbewegung vermehrt diskutiert wurde. Männer werden nicht als Opfer betrachtet, weil dies nicht mit normativen Männlichkeitsvorstellungen zu vereinbaren ist. Zu Partnergewalt gegen Männer existieren vergleichsweise wenige Studien. Im Hellfeld ist dementsprechend die Partnergewalt gegen Frauen präsenter (Dlugosch 2010: 25f.). Auch international wird Partnergewalt mehrheitlich von Männern gegen Frauen ausgeübt. Interventionsstellen sind fast ausschließlich auf die Opfer männlicher Partnergewalt eingestellt (Dobash, Dobash 2002: 923).

Prävalenzstudien haben das Ziel, das Dunkelfeld zu minimieren. Dies ist allerdings schwierig, da nicht alle betroffenen Frauen als Studienteilnehmerinnen fungieren oder die erlebte Gewalt verdrängt haben. Auch differieren die Definitionen von Gewalt und die Erhebungsmethoden. Deshalb ist es oft schwierig, Studien miteinander zu vergleichen (GiG-net 2008: 19ff.). Dlugosch (2010) ergänzt dies noch um den Punkt nicht vergleichbarer Untersuchungsgruppen (Dlugosch 2010: 28).

Um einen Einblick in die Ergebnisse zu erhalten, werden nachfolgend Zahlen aus einer repräsentativen deutschen Studie und zwei polizeiliche Kriminalstatistiken dargestellt.

Müller und Schröttle (2004) haben herausgefunden, dass circa 25 Prozent der befragten Frauen zwischen 16 und 85 Jahren mindestens einmal Gewalt – physische oder sexualisierte Gewalt – durch einen aktuellen oder früheren Lebenspartner erlebt haben. Von diesen 25 Prozent haben 31 Prozent eine Gewalthandlung, 36 Prozent zwei bis zehn Gewalthandlungen und 33 Prozent mindestens zehn bis circa 40 Gewalthandlungen durch ihren aktuellen oder früheren Partner erlebt (Müller, Schröttle 2004: 28ff.).

Seit 2011 werden Täter-Opfer-Beziehungen in der polizeilichen Kriminalstatistik detaillierter betrachtet. Straftaten, die innerhalb von Partnerschaften vollzogen wurden, werden dargestellt. Es wird unterschieden zwischen Partnerschaften insgesamt, Ehepartnerschaften, eingetragenen Lebenspartnerschaften, Partnerschaften nicht ehelicher Lebensgemeinschaften und ehemaligen Partnerschaften. Die Kategorie ehemalige Partnerschaft bezieht sich auf alle vorher genannten Kategorien (Bundeskriminalamt 2012: 78).

Bei vollendetem Mord und Totschlag war zu 26, 9 Prozent der eigene Partner oder die eigene Partnerin der oder die Tatverdächtige. Straftaten gegen die sexuelle Selbstbestimmung unter Gewaltanwendung oder Ausnutzung eines Abhängigkeitsverhältnisses wurde zu 18 Prozent in Partnerschaften ausgeübt und Körperverletzung zu 15 Prozent. Die persönliche Freiheit wurde zu fast 16 Prozent vom eigenen Partner oder der eigenen Partnerin genommen. Die Straftaten wurden als häufigstes von Ehepartnern oder Ehepartnerinnen ausgeübt (Bundeskriminalamt 2012: 78).

Rund 14 Prozent aller 2012 registrierten Straftaten wurden im Kontext von Partnerschaften ausgeübt. Wie haben sich die Zahlen im Vergleich zu 2011 verändert? Nicht verändert haben sich die Werte der Körperverletzung, der Straftaten gegen die sexuelle Selbstbestimmung unter Gewaltanwendung oder Ausnutzung eines Abhängigkeitsverhältnisses und der Straftaten gegen die persönliche Freiheit. Mord und Totschlag sind zu circa fünf Prozent zurückgegangen. Ehepartner und Ehepartnerinnen waren bei allen aufgeführten Straftaten die häufigsten Täter und Täterinnen unter Ausnahme der Taten gegen die persönliche Freiheit. Hier waren zu einer deutlichen Mehrheit ehemalige Partner und Partnerinnen die Tatverdächtigen (Bundeskriminalamt 2013: 51).

Auch wenn die Daten zu Gewalt gegen Frauen nicht einwandfrei erhoben werden können, wird deutlich, dass Partnergewalt gegen Frauen keine Ausnahmen bildet (Dlugosch 2010: 28).

1.8 Gesellschaftliche Präsenz der Problematik Partnergewalt gegen Frauen

Seit circa 35 Jahren ist das Thema der Partnergewalt bekannt in Gesellschaft, Medien, Politik und Forschung (Dobash, Dobash 2002: 921). Die Problematik Gewalt gegen Frauen wurde durch die Frauenbewegung enttabuisiert und in den Fokus der Öffentlichkeit gestellt (Brandau, Ronge 1997: 3). Auch wurde die gesellschaftliche Wahrnehmung häuslicher Gewalt geprägt durch die Frauenbewegung und wird geprägt durch die Praktikerinnen und Praktiker, welche täglich mit misshandelten Frauen arbeiten. Sie machen die Problematik durch Aufklärungsarbeit sichtbar und erreichen damit Politik und Gesellschaft. Durch Massenmedien erreicht die Problematik häusliche Gewalt gesellschaftliche und politische Aufmerksamkeit (Lamnek et al. 2013: 221). Medien sind mitverantwortlich für soziale Veränderungen und veränderte Wahrnehmungen. Sie können die tatsächlichen Fakten einer Thematik in der Wahrnehmung der Gesellschaft ändern und beeinflussen. So können z. B. bestimmte Fakten vernachlässigt und andere in den Mittelpunkt gestellt werden, auch wenn deren Wichtigkeit vielleicht gegenteilig ist (Appelt et al. 2001: 467). Nach Lamnek et al. (2013) kann das Thema der Partnergewalt gegen Frauen in der Gesellschaft bekannter werden und in eine bestimmte Richtung geformt werden. Je grausamer eine mediale Berichterstattung ist, desto mehr Adressatinnen und Adressaten findet sie. Interventionen, welche häusliche Gewalt bekämpfen sollen, werden hauptsächlich durch Medien bekannt. Kann die Problematik häuslicher Gewalt gelöst werden (Lamnek et al. 2013: 221ff.)? Auch wenn die Wissenschaft die Vorteile der Prävention betont, hat sich dies in der Praxis noch nicht durchgesetzt. Prävention lässt sich schwerer realisieren, auch wenn das Problem so in seinem Ursprung bearbeitet werden könnte und womöglich gar nicht entstehen würde (Godenzi 1994: 327). Mythen über Partnergewalt gegen Frauen werden nicht entschlüsselt. Mythen sind z. B. dass Gewalt hauptsächlich situativ ist, dass Gewalt hauptsächlich ein Unterschichtsproblem ist ausgelöst durch Stress, Arbeitslosigkeit und Alkohol oder dass die Frauen Gewalt provozieren (Brandau, Ronge 1997: 4f.). Auch Buskotte (2007) beschreibt in ihrem Buch „Gewalt in der Partnerschaft" genau diese Mythen und Vorurteile von Partnergewalt gegen Frauen. Sie ergänzt die Mythen und Vorurteile allerdings noch: Frauen sind selbst schuld an ihrer Misshandlung, weil sie ihren Partner provozieren und ihn verlassen könnten, wenn sie wollten, häusliche Gewalt ist eine Angelegenheit der Familie selbst, etc. (Buskotte 2007: 20ff.). Einige der Vorurteile und Mythen stimmen mit den in Kapitel 1.4 genannten Ursachen überein, sind dennoch nicht vollständig und teilweise falsch. Eine falsche Aussage ist beispielsweise, dass Frauen selbst schuld daran sind, wenn ihre Partner ihnen Gewalt zufügen. Gewalt ist auch nicht nur Bestandteil der Unterschicht (Brandau, Ronge 1997.: 4f.).

In einer Auswertung von Medienberichten wurde herausgefunden, dass Journalistinnen und Journalisten zu 60 Prozent von tatsächlichen Fällen berichten, jedoch ohne den Bezug zu Ursachen und Hintergründen herzustellen. Diese wurden nur zu 5,5 Prozent thematisiert (Appelt et al. 2001: 477f.).

Auf die vermehrte gesellschaftliche Präsenz der Problematik wird durch die Veränderung und Erschaffung von Gesetzen reagiert. Die Politik passt sich also veränderten sozialen Bedingungen an (Lamnek et al. 2013: 233). Hier kann der Zusammenhang zur symbolischen Gewalt geschaffen werden, zur Definition der symbolischen Gewalt vergleiche Kapitel 1.1. Was bedeutet symbolische Gewalt in Bezug auf die Beeinflussung der Politik? Wie bereits dargestellt, haben die Medien Macht über die gesellschaftliche Präsenz des Themas. Durch den „Täter" – hier Medien und Gesellschaft – können Gewalthandlungen als nicht legitim etabliert werden und aus dem Bezugsrahmen des Privaten liquidiert werden. Die Bedeutungen und Normen werden geändert und häusliche Gewalt wird als Problem geschildert. Die Beeinflussung der Politik passiert, ohne dass die Medien und die Gesellschaft ihre Macht offensiv ausleben. Politisch wird die veränderte Wahrnehmung der Gesellschaft festgestellt. Folge ist die Einführung neuer Gesetze. Die Medien und die Gesellschaft haben die Macht, politische Handlungen zu beeinflussen und verfügen demnach über symbolische Gewalt (Bourdieu, Passeron 1973: 12).

Wie wurde politisch reagiert? Welche Gesetze wurden geschaffen? Mit dem Aktionsplan der Bundesregierung zur Bekämpfung von Gewalt gegen Frauen wurde ein umfangreicher Handlungsplan geschaffen, um Gewalt gegen Frauen präventiv, nachhaltig und interventiv zu bekämpfen (Bundesministerium für Familie, Senioren, Frauen und Jugend 1999: 8ff.). Der Fokus des Aktionsplans liegt auf: „Prävention, Recht, Kooperation zwischen Institutionen und Projekten, Vernetzung von Hilfsangeboten, Täterarbeit, Sensibilisierung von Fachleuten und Öffentlichkeit und internationale Zusammenarbeit." (Bundesministerium für Familie, Senioren, Frauen und Jugend 1999: 8). Der Aktionsplan wurde umgesetzt und erweitert. Neue Ziele sind z. B. der bessere Schutz von Gewalt betroffenen Migrantinnen und Frauen mit Behinderung, vermehrter Schutz von Frauen, die in Trennung leben und Sensibilisierung und Vorbereitung des Gesundheitssektors auf das Thema häusliche Gewalt (Bundesministerium für Familie, Senioren, Frauen und Jugend 2012: 6ff.).

Das Gewaltschutzgesetz (Gesetz zum zivilrechtlichen Schutz vor Gewalttaten und Nachstellungen), welches 2002 in Kraft trat, regelt den Schutz einer Gewalt betroffenen Person, welche mit ihrem Täter oder ihrer Täterin in einem gemeinsamen Haushalt lebt, vergleiche § 2 GewSchG in Verbindung mit § 1361b BGB[2]. Der Täter oder die Täterin muss bei Gewaltanwendung beispielsweise die gemeinsame Wohnung verlassen. Auch kann mittels des Gewaltschutzgesetzes ein Kontakt- und Näherungsverbot erzielt werden, vergleiche § 1 GewSchG. Das Gewaltschutzgesetz kann angewendet werden, wenn eine Person „ […] vorsätzlich den Körper, die Gesundheit oder die Freiheit einer anderen Person widerrechtlich verletzt […]." (§ 1 Abs. 1 S. 1 GewSchG)

Vor der Einführung dieses Gesetzes betrachteten Polizei und Staatsanwaltschaften häusliche Gewalt als Angelegenheit, welche außerhalb staatlicher Interventionen steht. Strafverfolgung fand kaum statt, es wurde aufs Privatklageverfahren aufmerksam gemacht. Sie hatten keine rechtlichen Handlungsmaßnahmen, um die Täter oder Täterinnen der Wohnung zu verweisen (Kavemann 2005: 3ff.). Ehe und Familie werden durch Artikel 6 GG[3] staatlich geschützt. Dies wurde zeitweise so aufgefasst, dass auch Vorfälle häuslicher Gewalt in den Familien selbst geregelt werden müssen (Leuze-Mohr 2005: 144). Durch das Gewaltschutzgesetz hat die Polizei rechtliche Möglichkeiten die Täter zu sanktionieren. Strafverfolgung und somit auch die Strafverfahren häuslicher Gewalt werden dennoch zum Großteil eingestellt, z. B. auf

---

[2] Bürgerliches Gesetzbuch in der Fassung der Bekanntmachung vom 2. Januar 2002 (BGBl. I S. 42, 2909; 2003 I S. 738), das durch Artikel 1 des Gesetzes vom 22. Juli 2014 (BGBl. I S. 1218) geändert worden ist.
[3] "Grundgesetz für die Bundesrepublik Deutschland in der im Bundesgesetzblatt Teil III, Gliederungsnummer 100-1, veröffentlichten bereinigten Fassung, das zuletzt durch Artikel 1 des Gesetzes vom 11. Juli 2012 (BGBl. I S.1478) geändert worden ist"

Grund mangelnder Beweise und eingeschränkter und ambivalenter Kooperation der Opfer (Kavemann 2005: 3ff.).

Wie ist das Anzeigeverhalten der betroffenen Frauen? Knapp 55 Prozent der Befragten sehen von einer Strafanzeige ab und circa 45 Prozent haben ihre gewalttätigen Partner mindestens einmal angezeigt. Circa ein Drittel dieser Frauen zog die Anzeige zurück. Gründe für eine Anzeige sind die gewünschte Verantwortungsübernahme der Täter, Gerechtigkeit und Schutz. Die Betroffenen haben den Eindruck durch eine Anzeige aktiv gegen die erlebte Gewalt vorzugehen. Sie hoffen, dass ihnen durch Dritte geholfen wird. Gründe, die gegen eine Strafanzeige sprechen sind Mythen und Vorurteile, eine starke Täter-Opfer-Beziehung, die Befürchtung, dass die Polizei die Aussage der Frauen anzweifelt, etc. (Leuze- Mohr 2005: 161ff.).

1.9 Zusammenfassung

Zusammengefasst ist häusliche Gewalt ausgeübte oder angedrohte Gewalt unter Personen, welche im selben sozialen Nahraum interagier(t)en und welche eine Beziehung zu einander haben oder hatten. Opfer und Täter sind klar definiert. Was ist dann Partnergewalt gegen Frauen? Dies ist eine spezifische Form der häuslichen Gewalt. Um ein Verständnis für Partnergewalt gegen Frauen aufbringen zu können ist es sinnig, diesen an Hand des Gewaltbegriffs zu erklären. Gewalt ist gegeben bei dem Vorliegen von Gewalttaten, Tätern oder Täterinnen, Opfern, Folgen der Gewalt und Mitteln, mit welchen Gewalttaten durchgeführt werden. Auch müssen Ursachen, Ziele, Motive und Rechtfertigungen für die Gewalt bestehen. Wie kann dies auf Partnergewalt übertragen werden? Die Gewalttaten werden mittels verschiedener Gewaltformen durch den Täter gegen das weibliche Opfer ausgeübt. Psychische Formen der Gewalt sind z. B. Einschüchterung, Drohung und Demütigung. Physische Formen der Gewalt äußern sich durch Tätigkeiten, welchen den Körper des Opfers verletzen. Sexualisierte Gewaltformen sind beispielsweise Vergewaltigungen. Ökonomische Formen der Gewalt sind u. a. Arbeitsverbot und finanzielle Kontrolle. Durch diese Mittel können Folgen für die Opfer entstehen. Es ereignen sich nicht nur physische Folgen wie Verletzungen und gesundheitliche Beschwerden, sondern auch psychische, so können Frauen z. B. an einer posttraumatischen Belastungsstörung leiden oder weisen einen niedrigen Selbstwert auf. Auch entstehen Folgen für Frauen, welche psychosozial begründet sind, so z. B. Trennung. Ursachen und Erklärungsansätze sind u. a. feministisch und patriarchatskritisch, d. h. sie ergeben sich aus patriarchalen Gesellschaftsstrukturen, geschlechtsspezifischen Rollenzuschreibungen und ungleichen Machtverhältnissen zwischen Männern und Frauen. Partnergewalt gegen Frauen kann auch erklärt werden durch Lern-, Stress- und Ressourcentheorien. Warum verlassen Frauen nicht ihre gewalttätigen Partner? Die Beantwortung dieser Frage macht die Rolle der Frauen in der Gewaltbeziehung deutlich und lässt bereits erste Anzeichen für die Gewaltbewältigung der Frauen zu. Frauen übernehmen Verantwortung für die Beziehung und sind verliebt in ihre Partner. Die Partner der Frauen sind nicht durchweg gewalttätig, sondern haben auch liebenswerte Charakterzüge. Die Frauen sind der Überzeugung, dass sie ihre Partner verändern können. Zuletzt stellt sich noch die Frage nach der Rechtfertigung für Partnergewalt gegen Frauen. Partnergewalt wird vermehrt von Gesellschaft, Politik und Medien als Straftat wahrgenommen. Dennoch hat sich die Anzeigebereitschaft der Betroffenen nicht erhöht.

2 Gewaltbewältigung von Partnergewalt betroffener Frauen

Was machen Menschen, wenn ihnen schwierige Situationen widerfahren und wie gehen sie damit um? Vorerst ist festzuhalten, dass es objektiv schwer zu beurteilen ist, inwieweit eine Situation als schädlich empfunden wird. Bewältigung ist komplex, denn verschiedene Bewältigungsformen greifen ineinander. Vorhandene Ressourcen erleichtern die Bewältigung. Auf Grund dessen ist es wichtig – auch in der Sozialen Arbeit im Kontakt und der Unterstützung von Menschen mit schwierigen Problemlagen – ressourcenorientiert zu arbeiten. Da Situationen als unterschiedlich wahrgenommen werden, ist es auch nicht möglich, diese auf die gleiche Methode zu bewältigen. Es gibt viele und differente Bewältigungsformen. Wie gehen von Partnergewalt betroffene Frauen mit der Gewalt ihres Partners um und wie reagieren sie auf die Gewalt? Die Beantwortung dieser Frage bildet den Schwerpunkt des folgenden Kapitels. Es wird geklärt, welche verschiedenen Formen der Bewältigung die Frauen anwenden, um mit der Gewalt, die von ihren Partnern ausgeht umzugehen. Angewendet werden die Theorien dann auf die Arbeit im Frauenhaus, um einen Bezug zur Praxis herzustellen. Wie werden die Frauen bei ihrer Bewältigung im Frauenhaus unterstützt?

2.1 Bewältigung

Nachfolgend wird der Begriff der Bewältigung erklärt. Es werden u. a. verschiedene Bewältigungsmodelle und -möglichkeiten erläutert, die Abhängigkeit der Art der Bewältigung und Bewältigungseffekte werden dargestellt.

2.1.1 Begriffsbestimmung Bewältigung

Der Bewältigungsbegriff findet multiple Anwendung und kann trotzdem nicht klar abgegrenzt werden, weil ihm zu unterschiedliche Definitionen zu Grunde liegen (Schwarz et al. 1997: 1), dennoch ähneln sich die Definitionen. Die englische Bezeichnung für Bewältigung ist Coping (Weber 1997: 7).

Eine Situation oder Lebenslage muss von den Handelnden nur bewältigt werden, wenn sie als relevant, schädlich und stressig empfunden wird. Bewältigungsformen werden im Fall von Schädigung bzw. Verlust, Bedrohung und Herausforderung angewendet. Schädigung bzw. Verlust sind Situationen oder Lebenslagen, welche bereits gegenwärtig sind. Dies sind z. B. Verletzungen, Verlust von Angehörigen, negativ veränderte Lebensumstände und Schwierigkeiten mit sich selbst und anderen. Bedrohungen sind Situationen oder Lebenslagen, welche noch nicht gegenwärtig geworden sind (Lazarus, Launier 1981: 233ff.) – auch antizipatorisches Coping genannt. Es werden z. B. Bewältigungsstrategien entwickelt, um eine bevorstehende Prüfung zu bestehen (Schwarzer 2002: 46f.). Bedrohung und Schädigung treten häufig parallel auf. Eine Bedrohung kann sich auch in eine Schädigung umwandeln. Worin liegt der Unterschied zwischen Bedrohung und Herausforderung? Eine Herausforderung wird positiver als eine Bedrohung bewertet. Eine Herausforderung ist zwar schwer zu verwirklichen, aber die Folgen sind positiv (Lazarus, Launier 1981: 235f.). Bewältigung kann aber auch präventiv sein. Präventives Coping bedeutet, dass sich die Handelnden auf Eventualitäten vorbereiten (Schwarzer 2002: 46f.).

Bewältigt werden müssen auch kritische Lebensereignisse. Diese können den Lebenslauf verändern und bedeutende Lebenseinschnitte darstellen. Sie zeichnen sich u. a. aus durch die nicht normative Vergleichbarkeit und eintretende Folgen. In den Fällen, in welchen kritische Lebensereignisse Veränderungen darstellen, wäre es sinnvoll, neue Bewältigungsformen zu entwickeln. Kritische Lebensereignisse können begleitet werden durch extreme Emotionen und eingeschränkte Kontrollierbarkeit. Die Betroffenen können meist keinen Einfluss auf das Ereignis nehmen und es kann begleitet werden von Gefühlen der Hilflosigkeit und Ohnmacht. Dennoch können die Opfer die Verantwortung für das Geschehene übernehmen, weil die Unkontrollierbarkeit nicht wahrgenommen wird. Kritische Lebensereignisse können schlecht vorhergesehen werden. Lebensereignisse können nicht nur kritisch sein, wenn sie die äußeren Lebensumstände verändern, sondern auch wenn Lebensansichten und Einstellungen zu sich selbst einer starken negativ betonten Veränderung unterliegen. Je wichtiger die Ziele der Betroffenen sind, welche durch kritische Lebensereignisse berührt werden, desto traumatischer können die Folgen sein. Nicht alle hier genannten Elemente eines kritischen Lebensereignisses müssen zutreffen, damit es als solches identifiziert werden kann. Kritische Lebensereignisse können z. B. non-normativer Art sein. Das bedeutet, dass betroffene Subjekte das Ereignis nicht beeinflussen können. Auch kennzeichnend für diese Art von kritischen Lebensereignissen ist die Tatsache, dass das Ereignis besonders schweren Gehalt hat und nicht vergleichbar mit anderen Ereignissen ist – beispielsweise die Bedrohung oder Schädigung der körperlichen Unversehrtheit oder der menschlichen Existenz (Filipp, Aymanns 2010: 28ff.).

Was ist Bewältigung? Für Weber (1997) ist Bewältigung „[...] daß [sic!] mit einer Situation umzugehen ist, die aus objektiver Sicht, d. h. auf der Grundlage eines intersubjektiven Konsens bezüglich der Belastungsfähigkeit, und/ oder aus subjektiver Sicht des Betroffenen in irgendeiner Weise belastend, schwierig, fordernd, unangenehm ist." (Weber 1997: 7) Bewältigung ist zusammengefasst der objektive und subjektive Umgang mit schwierigen Situationen. Für Greve (1997) ist Bewältigung „[...] jede (Form der) Auseinandersetzung mit Schwierigkeiten, die sich der Person faktisch und insbesondere aus ihrer subjektiven Sicht in den Weg zu einer ausreichenden Handlungsfähigkeit bei einem hinreichenden Wohlbefinden stellen." (Greve 1997: 20) Manche Situationen erscheinen objektiv als harmlos, subjektiv aber als belastend. Daher kann objektiv nicht festgelegt werden, was Belastungen sind (Greve 1997: 21). Greve legt den Schwerpunkt in seiner Definition auf den subjektiven Umgang mit Belastungen, wohingegen Weber objektive und subjektive Aspekte betont. Auch wenn es zahlreiche Bewältigungsdefinitionen gibt, wird nachfolgend lediglich eine weitere Definition vorgestellt, um einen Überblick über den Begriff der Bewältigung zu erhalten bzw. zu behalten.

> „We define coping as *constantly changing cognitive and behavioral efforts to manage specific external and/ or internal demands that are appraised as taxing or exceeding the resources of the person.*" (Lazarus, Folkman 1984: 141)

Auch an Hand dieser Definition werden die Gemeinsamkeiten des Bewältigungsbegriffs deutlich. Diese Definition ergänzt den Begriff um die Art des Umgangs – kognitiv oder verhaltensbezogen – und um die Art der Anforderung – extern oder intern. Wird eine Belastung durch die Umwelt oder die Person selbst ausgelöst? Bewältigung bleibt nicht konstant gleich, sondern wandelt sich.

Neben der Schwierigkeit der Definition des Begriffs nimmt Weber (1997) weitere Begriffsinkompatibilitäten wahr. Der Begriff der Bewältigung ist für sie nicht präzise und einheitlich genug, denn sie sieht die Schwierigkeit darin, dass mit Bewältigung je nach Dependenz der Person und Situation jedes Verhalten als belastend angesehen werden kann. Durch die vorliegenden Definitionen trifft sie die Erkenntnis, dass die Begriffe Bewältigung und Lebensführung gleichgestellt werden können. Um diesem entgegenzusetzen werden bestimmte Verhaltensmuster als Bewältigung eingegrenzt, z. B. Problemlösung, Ablenkung oder positive Neuordnung. Aber sie merkt auch an, dass es von diesen eingegrenzten Verhaltensmustern etliche existieren und dementsprechend bereits keine Eingrenzung mehr vorliegt (Weber 1997: 12).

Auch ist Weber (1997) der Auffassung, dass Bewältigung nicht gemessen werden kann, wenn so ineffizient in der Bewältigungsforschung gearbeitet wird. Um dies zu tun, bräuchte es eine klarere Definition der Bewältigung und eine Eingrenzung von Befindlichkeiten und Symptomen. Sie merkt weiter an, dass Bewältigung zwar als subjektiv betrachtet wird, aber soziale Normen nicht beachtet werden. Bewältigung ereignet sich in Auseinandersetzung des Einzelnen mit der gegebenen sozialen Umgebung. Ist die Bewältigung der handelnden Person vor dem Hintergrund gesellschaftlicher normativer Wert- und Normvorstellungen angemessen (Weber 1997: 14f.)?

Der Begriff der Bewältigung hat für Weber (1997) aber auch etwas Positives. Bewältigung kann in unterschiedlichen Kontexten Anwendung finden. Bewältigungskonzepte lassen sich formen und in unterschiedliche Themengebiete anpassen. Neben diesem Ansatz ist Bewältigung eine Zusammenfassung für verschiedene Verhaltensweisen (Weber 1997: 10f.). Bewältigung neutralisiert entstandene Belastungen, reduziert sie, rekonstruiert Handlungskompetenzen, schafft Veränderungen, (Eppel 2007: 44) stellt Wohlbefinden wieder her, etc. (Greve 1997: 21).

2.1.2 Ausgewählte Bewältigungsmodelle

Das Modell von Lazarus und Folkman (1984) ist ein in der Literatur bekanntes und anerkanntes Modell. Das Modell der Assimilation, Akkommodation und Ignoranz ergänzt das Modell von Lazarus und Folkman (1984) und wird auch in unterschiedlicher Literatur diskutiert.

Problem- und emotionszentrierte Reaktionen nach Lazarus und Folkman

Je nachdem wie sich Person-Umwelt-Beziehungen verändern, greifen Personen entweder auf defensive oder auf problemlösende Bewältigungsformen zurück (Lazarus, Folkman 1984: 142).

Emotionszentrierte Formen der Bewältigung haben das Ziel, emotionalen Stress und negative Emotionen zu mindern und Hoffnung und Optimismus durch Vermeidung, Distanzierung, reduzierte Aufmerksamkeit und der Konzentration auf positive Ereignisse aufrechtzuerhalten. Zu einem wesentlich kleineren Anteil hat emotionsbasierte Bewältigung das Ziel, emotionalen Stress zum Zwecke der Leistungssteigerung zu erhöhen. Beispiele hierfür sind sportliche Wettkämpfe. Dennoch ist emotionsfokussierte Bewältigung zum größten Teil auf eine Reduzierung des emotionalen Stresses ausgelegt. Objektive Gegebenheiten werden subjektiv so verändert, dass sie für die Handelnden den Stress reduzieren – auch wenn Situationen objektiv nicht verändert sind. Konkreter heißt das, dass die Bedrohung durch eine Änderung der Bedeutung reduziert wird. Die Situation wird neubewertet. Beispiele hierfür sind die Überlegung, dass es schlimmere Situationen gibt, als die des Handelnden und Überlegungen der weniger starken Wichtigkeit der Situation. Nebenwirkungen dieser Bewältigungsart können Realitätsentfremdung und Selbsttäuschung sein (Lazarus, Folkman 1984: 150ff.).

Problemfokussierte Bewältigung ähnelt der Problemlösung, ist jedoch weit mehr als diese. Problemlösung legt den Fokus auf Person-Umwelt-Relationen und problembasierte Bewältigung ist daneben noch an der innenzentrierten Bewältigung orientiert. Problemfokussierte Bewältigungsformen haben zum Inhalt die Suche und Vergleiche von Alternativen, (Lazarus, Folkman 1984: 152f.), die Entwicklung neuer Verhaltensmodelle und Kompetenzaneignung (Lazarus, Folkman 1984: 152 zit. Kahn et al. 1964). Es ist schwierig, eine Definition problemorientierter Bewältigung darzulegen, da sie immer vom jeweiligen Problem oder der jeweiligen Bedrohung abhängig ist (Lazarus, Folkman 1984: 153).

Die beiden dargestellten Formen der Bewältigung können sich sowohl gegenseitig blockieren als auch ergänzen (Lazarus, Folkman 1984: 153). In einer belastenden Situation können sowohl emotions- als auch problemfokussierte Bewältigungsformen zum Einsatz kommen, welche sich unter bestimmten Umständen begünstigend aufeinander auswirken können (Lazarus 2005: 244).

Assimilation – Akkommodation – Ignoranz

Für Greve (1997) existieren drei konkrete Bewältigungsformen. Diese drei Bewältigungsformen lassen sich in theoretische Bezugsrahmen einordnen und bilden nicht nur eine Sammlung von „[…] Abwehr- und Stabilisierungsmechanismen […]" (Greve 1997: 27). Auch andere Autorinnen und Autoren behandeln das Modell (Greve 1997: 23), welche hier beispielhaft aufgeführt werden.

Assimilation ist „[…] ein Prozess, über den das was wahrgenommen wird, so verändert wird, dass es zu den gegenwärtigen vorhandenen kognitiven Strukturen passt." (Hellwig 2008: 56 zit. Gage, Berliner 1996) Im Sinne der Assimilationsbewältigung versuchen die Betroffenen ihre persönlichen normativen Anschauungen an die derzeit bestehende Situation, das eigene Verhalten oder Persönlichkeitseigenschaften zu assimilieren bzw. anzupassen. Es ist also eine Person-Umwelt-Anpassung, wenn auch in einseitiger Form (Greve 1997: 24). Assimilation in Bezug auf Bewältigung ist eine Form, welche sich bestehenden Zielen, persönlichen Werten und Normen nähert. Bedrohungen, Belastungen oder schwierige Situationen werden kompensiert, um den eigenen Vorstellungen (wieder) gerecht werden zu können (Rothermund, Brandtstädter 1997: 121). Diese Prozesse sind aktiver und problemlösender Art und kontrollierbar für die Handelnden (Greve 1997: 24). Beispiele für assimilative Bewältigung sind Ursachenanalyse, Lösungssuche, Aktivierung von Ressourcen, Kompetenzaneignung, Nutzung von Supportleistungen und sozialen Beziehungen (Rothermund, Brandtstädter 1997: 121). Ein Beispiel soll dies verdeutlichen: Menschen, die eine schwierige Prüfung bestehen möchten, lernen für diese (Greve 1997: 24).

Neben der Assimilation existiert die akkommodative Bewältigung. Akkommodation ist ein „[...] Prozess, über den die kognitiven Strukturen so verändert werden, dass sie zu dem Wahrgenommenen passen." (Hellwig 2008: 56 zit. Gage, Berliner 1996) In Bezug auf Bewältigung bedeutet dies, dass Belastungen durch Zielveränderungen beseitigt oder gemindert werden. Persönliche Ziele der Betroffenen müssen situationsgerecht verändert oder eliminiert werden. Normen, Werte und Ziele der Betroffenen können nicht aufrechterhalten werden, sondern werden der gegebenen Situation angepasst (Greve 1997: 24). Auch werden Belastungen anders bewertet und neue Lebensentwürfe geschaffen (Rothermund, Brandtstädter 1997: 121). Akkommodation ist von den Betroffenen nicht aktiv kontrollierbar und meist nicht die erste Wahl der Bewältigung. In Bezug auf das o. g. Beispiel mit der Prüfung bedeutet das, dass die Prüfung eventuell nicht mitgeschrieben werden kann und nach neuen Lösungen gesucht werden muss (Greve 1997: 24f.).

Neben den beiden dargestellten Bewältigungsformen besteht eine dritte Form der Bewältigung – an dieser Stelle – Ignoranz genannt.

Ignoranz in diesem Sinne bedeutet, dass Probleme nicht wahrgenommen bzw. ignoriert werden. Es ist möglich, ein Problem zu leugnen (Greve 1997: 25 zit. Vaillant 1990). Die Ignoranz kann in dem Zwei-Prozess-Modell weder der Assimilation noch der Akkommodation zugeordnet werden. Denn es ist weder ein aktiver Prozess, noch werden Ziele angepasst. Das Problem wird in keinerlei Weise gelöst. Allerdings stellt Greve (1997) zwei Möglichkeiten dar, wie Ignoranz dennoch in das Zwei-Prozess-Modell eingeordnet werden könnte. Ignoranz und Assimilation passen insoweit zusammen, dass Ignoranz als aktive Verdrängung betrachtet werden könnte und somit ein aktiver Prozess ist. Akkommodation und Ignoranz sind insoweit vereinbar, dass die Ignoranz zu einer veränderten Sichtweise beiträgt. Auf Grund der Abstraktheit dieser Möglichkeiten schlägt Greve vor, das Zwei-Prozess-Modell in ein Drei-Prozess-Modell zu ändern (Greve 1997: 26f.).

2.1.3 Weitere und konkretere Inhalte von Bewältigung

Belastende Umstände werden langsam in das Selbst- und Weltbild eingeordnet. Die Beschäftigung mit dem Ereignis kann abwechselnd intrusiv und leugnend erfolgen – die Aufmerksamkeit auf das Ereignis wird gesteuert. Nach intensiver Beschäftigung mit der Belastung erfolgt oftmals ein gedanklicher Rückzug, um sich zu regenerieren. Das Ziel ist, die Belastung zu verstehen, wobei es wichtig ist, dass ein Gleichgewicht zwischen Leugnung und Intrusion gefunden wird und die Kosten und Nutzen der jeweiligen Methode abwägt werden. Bei zunehmender Konvergenz und dem zunehmenden Verständnis für das belastende Ereignis können sich die negativen Emotionen und Folgen reduzieren (Filipp, Aymanns 2010: 153ff.).

Damit belastende Situationen oder kritische Lebensereignisse zum Teil des Selbst werden können bzw. bewältigt werden können, müssen sie verstanden werden. Menschen möchten gewöhnlich die Ursachen eines Geschehens ermitteln, weil sie nicht gerne vom Zufall ausgehen und ein Ereignis kontrollieren wollen. Menschen benötigen in der Regel Begründungen, um das Geschehene oder bevorstehende kritische Ereignis zu verstehen. Finden sie keine Erklärungen, kommt es vor, dass die Betroffenen selbst die Verantwortung für ein kritisches Ereignis übernehmen, um einen Grad der Kontrolle zu besitzen. Dann sehen die Betroffenen in sich nicht das hilflose Opfer, sondern sie betonen die Wiedergewinnung der eigenen Handlungsfähigkeit. Haben die Betroffenen die Ursachen ergründet oder die Ursachenergründung aufgegeben, kann sich für sie die Frage nach dem Sinn der Bedrohung oder Schädigung stellen. Wozu ist es passiert und welchen Sinn hat es? Sie können das Selbst- und Weltbild ändern. Eine weitere Bewältigung kann das Suchen und Finden nach positiven Folgen aus der Belastung sein. Negative Folgen werden in so einem Fall meist ausgeblendet, um die positiven Wirkungen erkennen zu können. Dies ist z. B. die Stärkung zwischenmenschlicher Beziehungen und Lerneffekte wie das Verfolgen neuer Ideale. Aus schlechten Erfahrungen kann gelernt werden und es können Wesensveränderungen stattfinden (Filipp, Aymanns 2010: 175ff.).

Die unkontrollierte Beschäftigung mit dem belastenden Ereignis ist möglich. Die Gedanken um das Ereignis verfestigen sich – repetives Denken genannt. Eine Form des repetiven Denkens ist Rumination, also Grübeln. Grübeln hat für die Bewältigenden in der Regel keine positiven Effekte. In der Mehrheit der Fälle wird über negative Aspekte des Lebens und der eigenen Person bzw. belastende Ereignisse oder unerreichbare Ziele gegrübelt. Rumination ist für die zu Bewältigenden gewöhnlich nicht kontrollierbar und immer wiederkehrend. Ziel ist auch hier das Verstehen des belastenden Ereignisses. Unkontrollierte gedankliche Beschäftigung mit dem Thema kann ein Schritt in Richtung der Problemlösung bedeuten, wenn ruminative Gedanken in aktive Prozesse wechseln. Sofern sich Rumination auf unerreichbare Ziele bezieht, kann das Grübeln nachlassen, wenn Ziele geändert werden. Wenn Rumination für die Betroffenen zu belastend ist und keine positiven Effekte aufweist, wäre eine alternative Bewältigung sinnvoll, in diesem Fall Ablenkung (Filipp, Aymanns 2010: 157ff.).

Eine weitere Bewältigungsmöglichkeit ist Bewältigung im Sinne von Vergleichen mit dem Ziel der Regression der eigenen Belastung, der Steigerung des Wohlbefindens, der Stabilisierung und Erhöhung des Selbstwertes (Filipp, Aymanns 2010: 163ff.) und der Auflösung von subjektiven Zweifeln (Bierhoff 2006: 10). Innerhalb sozialer Vergleiche kann eruiert werden, dass es den Vergleichssubjekten schlechter ergeht als den Handelnden. Somit ist das Wohlbefinden insofern gesteigert worden, dass die Handelnden wissen, dass schlimmere Situationen als die eigene bestehen (Filipp, Aymanns 2010: 165f.). Dies kann eine tröstende Funktion erfüllen. In der Alltagssprache kann dies aber auch mit „Schadensfreude" beschrieben werden (Bierhoff 2006: 21). Werden Vergleiche mit Personen angestellt, die ein besseres Wohlbefinden aufweisen als die agierenden Personen selbst, können Gefühle von Hoffnung entstehen (Filipp, Aymanns 2010: 165 zit. Taylor et al. 1992).

Innerhalb temporaler Vergleiche werden die gleichen Situationen zu unterschiedlichen Zeiten miteinander verglichen (Möller, Trautwein 2009: 191). Temporale Vergleiche haben das Ziel, herauszufinden, ob sich im gegenwärtigen Umstand etwas verändert hat. Sowohl die Erkenntnis, dass es den Handelnden aktuell besser als in der Vergangenheit ergeht als auch die Erkenntnis dass es den Handelnden besser in der Vergangenheit erging, können helfen, schwierige Situationen auszuhalten. Denn ging es ihnen z. B. in der Vergangenheit schlechter, haben sie die Erkenntnis gewonnen, dass sie sich positiv verändert haben. Werden temporale Aufwärtsvergleiche gemacht, können Gefühle der Hoffnung vermittelt werden. Diese sind z. B. auch Inhalte von Zukunftsträumen (Filipp, Aymanns 2010: 166ff.).

Vergleiche, welche mit nicht passierten Möglichkeiten angestellt werden, werden als kontrafaktisch bezeichnet. Durch mentale Aktivitäten ist es möglich, mentale Ereignisse bzw. Alternativen zu bilden, welche mit dem eigenen Ereignis verglichen werden können zum Zwecke der Belastungsreduktion. Die Handelnden stellen sich beispielsweise vor, dass das vorliegende Ereignis noch schlimmer hätte sein können und es ihnen im Vergleich zu der vorgestellten Situation gut geht (Filipp, Aymanns 2010: 168f.). Es können Gefühle von Dankbarkeit oder situationsbedingtem Glück entstehen (Brandtstädter 2011: 125f.). Es kann auch überlegt werden, was anders gemacht hätte werden können, um die kritische Situation gar nicht erst auszulösen (Filipp, Aymanns 2010: 169). Dies wird aber hauptsächlich von negativen Effekten begleitet, wie Reue, Ärger oder Unzufriedenheit – besonders wenn das eigene Handeln angezweifelt wird (Brandtstädter 2011: 125f.). Zweitrangig können auch Vorteile daraus erwachsen. Zukunft gerichtetes Handeln kann positiver werden, wenn auf Vermeidung ähnlicher Ereignisse spekuliert wird. Auch können die Betroffenen hoffnungsvoller sein und haben zumindest ansatzweise das Gefühl, Kontrolle über das Ereignis zu haben (Fillip, Aymanns 2010: 170ff.).

Kritische Lebensereignisse können dabei mitwirken, wichtige Ziele nicht erreichen zu können und sie in Vergessenheit geraten zu lassen. Die Gedanken sind in diesem Fall nicht mehr zukunftsgerichtet, sondern auf die gegenwärtige Situation (Filipp, Aymanns 2010: 191 zit. Kuhl 2005) und das eigene, nicht effektive Handeln. Ziel ist eine Trennung von Zielen, welche unerreichbar sind und eine Neuordnung und – bewertung von Zielen (Filipp, Aymanns 2010: 191ff.). Ziele sollten regelmäßig reflektiert werden, um die Effektivität zu überprüfen. Wenn Ziele nicht (mehr) realisierbar sind (Bamberg et al. 2003: 62f.) muss der Weg von Assimilation zu Akkommodation angegangen werden (Filipp, Aymanns 2010: 192f.).

Eine weitere Bewältigungsmöglichkeit ist die Unterdrückung, Regulation und Minderung negativer Emotionen, wie Schmerz und Leiden. Dies kann auf bewusste oder unbewusste Weise erfolgen – im Folgenden wird aber nur die bewusste Unterdrückung negativer Gefühle dargestellt. Dies erfordert erhöhte Kosten mentaler Ressourcen. Auf Grund dessen kann die Regulierung negativer Emotionen nur kurzfristig erfolgen, während der Unterdrückung können kognitive Funktionen nicht ausgeschöpft werden und es können physiologische Symptome auftreten (Fillip, Aymanns 2010: 199ff.). Würden die Handelnden die negativen Gefühle nicht unterdrücken, würden sie sich wahrscheinlich intensivieren (Filipp, Aymanns 2010: 204 zit. Kuhl 2006).

Das eigene Handeln, Verhalten und die eigenen Emotionen, Gedanken und Ziele sollten regelmäßig bewertet und reflektiert werden, um die Effektivität der genannten Komponenten überprüfen zu können – entweder durch Selbst- oder Fremdreflexion. Gegebenenfalls können genannte Komponenten nach einer negativ ausfallenden Reflexion, neumodelliert werden (Bamberg et al. 2003: 64).

Durch Selbstgespräche und/ oder das Aufschreiben von Gedanken und Emotionen können Probleme fassbarer werden (Filipp, Aymanns 2010: 205). Das Aufschreiben von Emotionen und Gedanken und der damit einhergehenden Öffnung der inneren Lebenswelt und der Anerkennung von Emotionen wird als expressives Schreiben bezeichnet. Mit dem Schreiben wird das Trauma strukturiert und erhält eine Form. Es ist allerdings wichtig, dass zwischen dem Trauma und dem expressiven Schreiben Zeit liegt, auf Grund vorliegender Desorientierung und unzureichender Fähigkeit zur Reflexion. Gefühle der Trauer und der Erschütterung können sich direkt nach dem Schreiben äußern und können zu einem späteren Zeitpunkt ersetzt werden durch Optimismus, Energie, Glück und einer Reduktion von negativen Gefühlen und Angst. Auch sind die Akteurinnen und Akteure zu höherer geistiger Leistungsfähigkeit im Stande, denn Kognition und Emotionen sind eng miteinander verknüpft. So können bei Reduktion negativer Gefühle und einer Steigerung positiver Gefühle auch kognitiv geprägte Aufgaben leichter gelöst werden. Durch expressives Schreiben können sich auch soziale Interaktionen und der Umgang mit problematischen Situationen zum Positiven ändern. Möglich ist, dass während des Schreibens neue Ideen der Problembewältigung entstehen und dass neue Ziele gebildet werden. Expressives Schreiben kann zu einem Verlust der Kontrolle führen. Es kann sinnvoll sein über verschiedene Erlebnisse zu schreiben, um eine ständige Beschäftigung mit demselben Ereignis zu vermeiden (Vopel 2006: 15ff.).

Bewältigungsverfahren können in soziale Handlungen integriert sein (Filipp, Aymanns 2010: 213). In belastenden Situationen suchen Menschen die Nähe zu anderen Menschen. Dies erfolgt u. a. wenn andere Möglichkeiten nicht mehr wirken. Das Suchen menschlicher Nähe kann mit der Bindungstheorie erklärt werden (Korittko 2013: 96 zit. Huber 2005). Schwierige Situationen können durch soziale Unterstützung überwunden werden. Dennoch ist es für die Interaktionspartnerinnen oder Interaktionspartner der Akteurinnen oder Akteure nicht zwingend ersichtlich, dass sie soziale Unterstützung benötigen. Indes müssen die Betroffenen soziale Unterstützung aktiv suchen (Filipp, Aymanns 2010: 214ff.). Kritische Ereignisse, welche unter Ausschluss der Öffentlichkeit passieren, wie z. B. Partnergewalt stoßen bei den Adressatinnen und Adressaten eher auf Ablehnung, als solche, die im öffentlichen Raum geschehen (Filipp, Aymanns 2010: 220 zit. Charuvastra, Cloite 2008).

Durch das Kommunizieren mit anderen Subjekten können Gefühle der Entlastung und Erholung entstehen. Eine Reduktion negativer Emotionen und das Verstehen der gegenwärtigen Situation können weitere positive Folgen sein. Negative Folgen können eine Beschränkung von Autonomie und Selbstwert sein (Filipp, Aymanns 2010: 221ff.).

Nicht nur der Empfang sozialer Unterstützung sondern auch das Senden sozialer Unterstützung kann eine Bewältigungsmöglichkeit sein. Dies kann Belastungen und negative Emotionen minimieren (Filipp, Aymanns 2010: 235). Anderen zu helfen kann für die Helfenden, die sich in schwierigen Lebenslagen befinden, mehrere Vorteile haben, welche Midlarsky (1991) ausführlich beschreibt. Anderen Menschen zu helfen kann für die Handelnden den Vorteil haben, dass sie sich damit von ihren eigenen Belastungen und Problemen ablenken können. Eigene negative Gefühle können für die Handelnden an Wichtigkeit verlieren. Daneben hat anderen zu helfen die Funktion, die Sinnhaftigkeit und den Wert des Lebens zu verbessern bzw. zu erkennen. Durch das Hilfehandeln für Andere können Kompetenzen und Fähigkeiten erkannt werden, einhergehend mit Gefühlen der Selbstwirksamkeit und dem Erkennen des Selbstwertes. Soziale Vergleiche sind möglich, welche für die Helfenden zu einem positiven Ergebnis führen können. Aktivitäten können durch Selbstwirksamkeit gesteuert werden und negative Lebenserfahrungen können durch positive Lebenserfahrungen ersetzt werden. Anderen zu helfen kann die positiven Emotionen der Helfenden erhöhen und ihre negativen Emotionen reduzieren. Weitere Vorteile können sein: die Verbesserung der sozialen Integration, das Entstehen eines Gemeinschaftsgefühls und die Entwicklung von Solidarität (Midlarsky 1991: 238ff.).

2.1.4 Bewältigungsressourcen

Inwieweit eine belastende Situation bewältigt werden kann, hängt mit verfügbaren Ressourcen zusammen. Je mehr und effektive Ressourcen objektiver und subjektiver Art bestehen, desto erfolgreicher ist die Bewältigung eines belastenden Umstands. Objektive Ressourcen sind z. B. Gesundheit, ökonomische Mittel, persönliche Fähigkeiten und Eigenschaften wie Widerstandsfähigkeit, Selbstwirksamkeit, Selbstregulation, Optimismus, Kompetenzen und soziales Netzwerk (Schröder, Schwarzer 1997: 174ff.). Auch Lazarus und Folkman (1984) bestimmen objektive Ressourcen. Objektive Ressource sind Gesundheit und Energie. Positiver Glaube in sich Selbst und die Welt sind weitere Ressourcen. Das sind z. B. Hoffnung, Optimismus, Selbstwirksamkeit, interne Kontrollüberzeugungen, Steuerbarkeit von Gegebenheiten und

Gerechtigkeitsvorstellungen (Lazarus, Folkman 1984: 159ff.). Problemlösungskompetenz beinhaltet die Fähigkeit zur Informationssuche, Analyse von Situationen und Finden von Handlungsalternativen (Lazarus, Folkman 1984: 162 zit. Janis 1974, Janis, Mann 1977). Soziale Kompetenzen sind die Fähigkeit, mit anderen Menschen zu interagieren und sich im sozialen Umfeld angemessen verhalten zu können. Durch die Nutzung von sozialen Fähigkeiten und sozialen Beziehungen können Probleme effizienter gelöst werden. Auch materielle Güter stellen eine Bewältigungsressource dar, denn so haben die Akteurinnen und Akteure mehr Möglichkeiten der effektiven Bewältigung. Sie haben einfacheren Zugang zu Rechten, Medizin, finanzieller und professioneller Unterstützung (Lazarus, Folkman 1984: 163ff.). Zu einer anderen Definition von Ressourcen vergleiche Kapitel 1.4.3.

Subjektive Ressourcen meinen die Einschätzung und Bewertung von Ressourcen (Schröder, Schwarzer 1997: 174f.). Lazarus und Launier (1981) bezeichnen dies als sekundäre Bewertung. Ist es mir möglich, die Belastung zu überwinden? Dieses wird eingeschätzt. Die Wahrnehmung von Fähigkeiten zur Bewältigung kann sich schon vor Eintritt einer Schädigung, Bedrohung oder Herausforderung im Selbstbild der Handelnden manifestieren. Auch der Vollzug von Bewältigung hängt mit der Bewertung von den eigenen Fähigkeiten zusammen. Sekundäre Bewertungen haben Einfluss auf den Ausgang einer belastenden Situation. Ein gutes Beispiel dafür wäre der unterschiedliche Ausgang eines Bewerbungsgesprächs auf Grund unterschiedlicher Selbsteinschätzung zu eigenen Ressourcen (Lazarus, Launier 1981: 238f.). Auch Filipp und Aymanns (2010) sind der Auffassung, dass Bewertungen und Wahrnehmungen von Ressourcen Einfluss auf die Bewältigung nehmen können (Filipp, Aymanns 2010: 26).

Stress kann entstehen auf Grund von Ressourcenverlust, drohendem Ressourcenverlust und/ oder der falschen Ressourcenkalkulation. Die Wiederherstellung von Ressourcen ist oft mit hohen Belastungen verbunden (Filipp, Aymanns 2010: 26f.). Werden vorliegende Bewältigungsressourcen nicht genutzt (Schmidtchen 2007: 661) oder bestehen erst gar nicht wird von Ressourcendefiziten gesprochen (Schröder, Schwarzer 1997: 175). Menschen, welche über ein beträchtliches Maß an Ressourcen verfügen, sind weniger von belastenden Situationen betroffen. Dies trifft allerdings eher auf alltägliche Stressereignisse wie Leistungserbringung am Arbeitsplatz und kontrollierbare Gegebenheiten, als auf kritische Lebensereignisse zu (Leppin 1997: 197ff.). Das folgende Zitat soll deutlich machen, dass es bedrohliche Situationen gibt, welche trotz vorhandener Bewältigungsmöglichkeiten nicht beeinflusst werden können.

„Tatsächlich ist bei einigen Stressoren – beispielsweise der Axt, die einem auf den Kopf fällt – mit hoher Wahrscheinlichkeit vorhersagbar, daß (sic!) sie gesundheitszerstörend sind, unabhängig von den Bewältigungsstrategien, über die man verfügt." (Antonovsky 1997: 26).

Es bestehen auch Bewältigungsformen, welche speziell auf die Anlegung von Bewältigungsressourcen ausgelegt sind - proaktives Coping genannt. Es werden Ressourcen gebildet, um das Leben erfolgreich bewältigen zu können. Bewältigung ist hier nicht auf Gefahr ausgelegt, sondern auf Ziele. Proaktives Coping meint die Optimierung der eigenen Lebensbedingungen (Schwarzer 2002: 47).

2.1.5 Wahl der Bewältigungsform und Bewältigungseffekte

Die Anwendung einer Bewältigungsform steigt, je greifbarer die Bedrohung ist. Liegt eine Bedrohung oder Schädigung zeitlich weit entfernt, macht es das Einsetzen von Bewältigungsformen unwahrscheinlicher, weil sich die Akteurinnen und Akteure bereits an den Zustand gewöhnt haben. Die Auswahl bestimmter Bewältigungsmöglichkeiten ist von den handelnden Individuen abhängig. Menschen mit hoher Selbstwirksamkeit greifen z. B. eher auf aktive Bewältigungsmöglichkeiten zurück (Leppin 1997: 199ff.). Aber welche Bewältigungsform letztendlich die sinnvollste und gesündeste ist, lässt sich nicht ergründen. Wichtig ist, dass die Maßnahmen im Gleichgewicht zueinander stehen (Kaluza 2002: 577). Auch Lazarus (2005) äußert sich dazu. Für ihn besteht keine Bewältigung, welche ausnahmslos erfolgreich ist. Der Wirkungsgrad einer Bewältigungsform hängt mit der handelnden Person, der Art und Intensität der vorliegenden Belastung und vom angestrebten Ergebnis ab (Lazarus 2005: 240f.). Welche Art der Bewältigung gewählt wird, wird u. a. situativ entschieden, nach den vorliegenden Umweltbedingungen, nach dem Grad der Belastung, nach dem Grad der Hilflosigkeit und nach Ungewissheit. Ist eine Situation ungewiss, ist es schwierig, die Belastung einzuschätzen. Ohne Informationen kann die Belastung zumindest nicht direkt angegangen werden (Lazarus, Launier 1981: 255ff.). Für Jerusalem (1997) gibt es hingegen Inhalte der Problembewältigung, welche gesondert nach ineffektiv und effektiv eingeordnet werden können. Körperliche Gewalt, Diebstahl, Selbstjustiz und Drogenkonsum sind für ihn ineffektive Bewältigungsmaßnahmen. Effektive Bewältigungsmaßnahmen sind für ihn verbale Auseinandersetzungen, gerichtliche Maßnahmen, wirtschaftliche Konkurrenz und Entspannung (Jerusalem 1997: 264). Sind Maßnahmen nicht – wie oben belegt – personen-, belastungs-, ergebnis- und umweltabhängig etc.? Kann ein Diebstahl z. B. für eine Person nicht effektiv sein?

Bewältigung ist zu komplex als dass sie separiert werden kann in Handlungen welche ausschließlich problem- oder ausschließlich emotionsfokussiert sind – je nach Kontext überwiegt die eine oder andere Art der Bewältigung. Wichtig ist, dass die Bewältigung realitätsnah ist (Lazarus 2005: 244).

2.1.6 Strategie versus Emotion

Buerschaper (2000) äußert, dass eine Strategie ein nicht vollständig durchdachter Plan ist. Es wird ein grober Plan gemacht, in welchem Unterziele formuliert werden. Bei Näherung an die Zwischenziele entstehen konkretere Inhalte der Strategie. So ist eine Strategie relativ offen für alternative Handlungen, wenn Zwischenziele nicht verwirklicht werden können. Der Weg, auf welchem Probleme gelöst werden, wird als Strategie bezeichnet (Buerschaper 2000: 158). Für Raschke und Tils (2007) ist eine Strategie nicht auf eine Situation beschränkt. Das heißt, dass eine Strategie nicht nur für eine Situation entwickelt wird, sondern auch für thematische, soziale und zeitliche Zusammenhänge zu dieser. Strategien sind charakterisiert durch Zielvorstellungen und den Möglichkeiten der Durchsetzung des Plans, z. B. vorhandener Ressourcen. Sie erklären, dass eine Strategie nicht einhergehend mit gegliederten, konkreten Plänen ist. Strategien können nur als solche definiert werden, wenn sie wissentlich erarbeitet werden. Konventionelle, spontane, situative und emotionale Handlungsweisen können nicht als strategisches Handeln tituliert werden (Raschke, Tils 2007: 127ff.). Strategien benötigen bei vermehrter Routine weniger Kontrolle und laufen daher unbewusster ab (Hasselhorn, Gold 2013: 90).

Scherer (1997) drückt aus, dass Emotionen kurzzeitig sind. Zusätzlich äußert er noch, dass sie einen klar definierbaren und erkennbaren Anfang und ein klar definierbares und erkennbares Ende haben (Scherer 1997: 299). Sie sind in der Regel nicht Bestandteil des zu kontrollierenden menschlichen Bewusstseins. Emotionen wie beispielsweise Angst lösen Reaktionen psychischer und physischer Art aus (Esser 2005: 4f.). Angst ruft Verhaltensänderungen hervor. Sie hat Angriff oder Flucht zur Folge. In den Fällen, in denen Menschen flüchten, vermeiden sie den negativen Reiz bzw. die Gefahr. Neben Angriff und Flucht kann Angst auch verstärkte Suche nach Bindung an andere Menschen bzw. Bezugspersonen hervorrufen. Diese bieten den Hilfesuchenden Schutz und Geborgenheit. In Situationen der Angst werden kognitive Systeme durch emotionale Reize ersetzt (Flöttmann 2005: 28ff.). Das emotionale System wird durch einen nicht erprobten Reiz und durch Zeit aktiviert. Emotionen erfüllen den Zweck der Handlungsanpassung an z. B. kritische oder überlebensgefährdende Situationen oder an Situationen, welche außerhalb des Erfahrungsspielraums der Subjekte stehen. Emotionen werden den Subjekten nur bewusst und emotionale Reaktionen entstehen nur, wenn das menschliche Gehirn bzw. das kognitive System keine alternativen Lösungen kennt. Auf Grund vorliegender, bewusster Emotionen werden die kritischen Situationen bewältigt (Esser 2005: 5ff.). Emotionen können nur in das menschliche Bewusstsein rücken, wenn Bewältigung zentral wird und die Gesundheit gefährdet wird (Ulich 2003: 55f.). Sie entstehen nur, wenn Ereignisse wahrgenommen werden und einer Bewertung unterliegen (Zandl 2011: 9). Je stärker die Emotionen sind, desto höher ist die Motivation zu handeln (Reisenzein et al. 2006: 463). Die Zielverfolgung wird durch vorhandene Emotionen simpler. Durch u. a. erhöhte psychologische und physiologische Vorgänge im Körper können Aufgaben und Schwierigkeiten besser gelöst werden. Die Aufmerksamkeit und Motivation ist erhöht (Esser 2005: 5ff.). Bleiben emotionale Erregungen und Emotionen aus, bestehen wenige Handlungsmöglichkeiten und der Organismus der Person wurde nicht auf eine Situation vorbereitet. Dies ist nur kritisch, wenn eine emotionale Erregung der Person Vorteile in einer Situation gebracht hätte bzw. sie geschützt hätte (Reisenzein et al. 2006: 470f.). Trotz der eventuellen Bewusstheit von Emotionen sind diese gewöhnlich nicht steuerbar. Kontrollierbar sind Emotionen zum Beispiel, wenn Nachteile aus ihnen erwachsen oder bei genügend Zeit, über kritische Situationen nachzudenken (Esser 2005: 17f.). Emotionen sind insoweit kontrollierbar und können zum Teil des kognitiven Systems werden, wenn sie gedeutet, erinnert und erwartet werden. Zumindest können Emotionen so eingeschätzt und bewertet werden, wenn auch nicht direkt kontrolliert werden (Gerring, Zimbardo 2008: 454).

Um Emotionen und Bewältigung zusammenzuführen wird nachfolgend ein Beispiel gebracht. Bewältigung steht auch im Zusammenhang mit biologisch begründeten Handlungsweisen – biologischer Trieb genannt. Hier sind beispielsweise die Emotionen Wut und Angst zu nennen. Die biologische Handlungsweise ist in diesem Zusammenhang Angriff, Vermeidung oder Flucht. Hier ist eine Verbindung zwischen Emotionen und Bewältigung festzustellen. Sind dies naturgegebene Bewältigungsverfahren? Bewältigungsverfahren können biologisch angelegte Handlungsweisen unterstützen, aber Bewältigung im sozialwissenschaftlichen Kontext ist komplexer, bewusst und ein geplantes Verfahren eingebettet in soziale und persönliche Verhaltensmaßstäbe (Lazarus 1991: 114).

2.2 Gewaltbewältigung von Partnergewalt betroffener Frauen

In diesem Teil des Kapitels werden unterschiedliche ausgewählte Bewältigungsformen von Gewalt betroffenen Frauen dargestellt. Für die Erklärung dieser werden die Ansätze von unterschiedlichen Autorinnen und Autoren verwendet.

2.2.1 Bewältigungsstrategien nach Gemünden (1996)

Welche der im Folgenden aufgeführten Bewältigungsstrategien gewählt werden hängt mit der Schwere der erlebten Gewalt, der subjektiv berechneten Effektivität der Bewältigungsstrategie, der Toleranzschwelle von Gewalthandlungen und von Gewalterlebnissen in der Herkunftsfamilie zusammen. Nicht selten werden verschiedene Bewältigungsstrategien angewendet – gleichzeitig oder aufeinander folgend (Gemünden 1996: 247f.).

Die erste von ihm beschriebene Bewältigungsstrategie ist die des Ziehens von Konsequenzen zum Selbstschutz und zum Zweck der Aufrechterhaltung bzw. Wiederherstellung des Selbstwertes. Konsequenzen ziehen bedeutet, dass die von Gewalt angegriffenen Partnerinnen den gegenwärtigen Zustand der Partnerschaft nicht mehr akzeptieren oder die Partnerschaft nicht mehr aufrechterhalten möchten. Die gegenwärtige Situation wird geändert. Die Gewalt wird als Norm- und Wertverletzung betrachtet. Diese Strategie wird nochmals in Unterkategorien aufgeteilt. Als erstes ist hier die Strategie der Rache, Vergeltung und Verweigerung zu nennen. Diese ist dadurch gekennzeichnet, dass Handlungen erst nach Abschluss einer Gewalttat erfolgen. Inhalte dieser Strategie sind z. B. körperliche, psychische und soziale Gewalt gegen die gewalttätigen Partner. Eine weitere Unterkategorie der Strategie des Ziehens von Konsequenzen sind Trennung, Scheidung und Unterbrechung der Partnerschaft. Diese Konsequenzen sind die erfolgreichsten (Gemünden 1996: 248ff.). Im Gegensatz dazu wird geäußert, dass Gewalt nach einer Trennung unverändert bleibt. In einer von Hagemann-White et al. durchgeführten Studie äußerte die Hälfte der befragten (ehemaligen) Frauenhausbewohnerinnen, dass die Bedrohung und Gewalt nach der Trennung weiter anhielt (Hagemann-White et al. 1981: 316). Es wird unterschieden zwischen endgültiger Trennung, temporärer Trennung, angedrohter

Trennung, Tötung und Suizid. Auch können Konsequenzen gezogen werden, indem Ressourcen aktiviert werden zum Zweck erwarteter Hilfe durch Dritte und zum Zwecke des Selbstschutzes. Vorwiegend wird auf soziale Ressourcen zurückgegriffen. Die Aktivierung sozialer Ressourcen wird eingeteilt in informelle und formelle Ressourcen, wobei allerdings informelle Ressourcen häufiger genutzt werden. Informelle Ressourcen sind das soziale Netzwerk der Betroffenen wie z. B. Freundinnen und Freunde, Bekannte, Verwandte und Kolleginnen und Kollegen. Nachteil dieser Strategie ist, dass die um Unterstützung gebetenen Personen erwarten, dass ihre Ratschläge erfolgreich umgesetzt werden. Befolgen die Betroffenen diese nicht – zum Beispiel ist der Ratschlag den gewalttätigen Partner zu verlassen – dann ist von Freundinnen und Freunden, Verwandten, etc. wenig bis keine Unterstützung mehr zu erwarten. Denn die unterstützenden Personen haben dann den Eindruck, dass die Betroffenen ihre Situation nicht ändern möchten, ihre Unterstützung nicht benötigen und die Schuld an der Gewalt tragen. Ihrer Ansicht nach müssten die Betroffenen sich der Gewalt nicht aussetzen, wenn sie z. B. ihre Hilfe angenommen hätten. Formelle Ressourcen bestehen aus der Kontrolle durch Polizei und Justizbehörden. Formelle Sozialkontrolle ist wenig effizient, weil sie keine generellen partnerschaftlichen Gewalttätigkeiten beenden kann (Gemünden 1996: 250ff.).

Aus der Strategie der Normalisierung geht hervor, dass die Gewalt als Bestandteil der Partnerschaft akzeptiert wird. Nach misslungenem Versuch, die Gewalt zu beenden wird sie widerspruchslos als Beziehungsinhalt akzeptiert. Es werden keine Konsequenzen aus der Gewalt gezogen und es werden keine Bemühungen in Richtung Beendigung der Gewalt angestellt. Auch die Strategien der Normalisierung werden differenziert betrachtet. Als erstes ist hier die Strategie der Normalisierung im konkreteren Sinn zu nennen. Diese ist dadurch gekennzeichnet, dass die Gewalt als normal und unausweichlich wahrgenommen wird. Die Toleranzschwelle verändert sich im Laufe der gewalttätigen Beziehung und Normverletzungen werden so nicht erkannt und für die Betroffenen besteht dementsprechend auch kein Handlungsbedarf. Für die Betroffenen liegt kein Problem vor. In der Strategie der Bagatellisierung wird die Gewalt verharmlost, unterbewertet und beschönigt. Die Normverletzung wird erkannt, aber sie wird als nicht kritisch empfunden, wenn zum Beispiel kaum Verletzungsfolgen entstanden sind. Diese Strategie soll den Tätern vermitteln, dass die Betroffenen stark, unerreichbar und unverletzlich sind. Die Strategie der Rechtfertigung beschreibt, dass Gewalt zwar eine Normverletzung ist, diese aber gerechtfertigt ist. Gewalt darf für die Betroffenen angewendet werden, wenn sie zur Durchsetzung sozialer Normen dient und sozialen Normen nicht widerspricht (Gemünden 1996:

265ff.). Durch die Strategie der Entschuldigung wird die Verantwortung für die Gewalt von den Tätern abgewendet. Die Normverletzung wurde allerdings von den Opfern erkannt (Gemünden 1996: 270 zit. Gayford 1987). Es existieren verschiedene Entschuldigungsmuster von Gewalt. Entschuldigungen können z. B. der Alkoholkonsum der Täter sein, weil Alkohol enthemmende Wirkung hat. Die Frauen entschuldigen die Gewalt ihrer Partner, weil sie der Überzeugung sind, dass sie sie durch inkorrektes Verhalten provoziert haben. Dies inkludiert beispielsweise das Fremdgehen und die Verweigerung des Sexualverkehrs. Die Betroffenen haben also selbst – aus Sicht der Betroffenen – gegen Normen und Werte (der Täter und der Gesellschaft) verstoßen und daher sei ihr Verhalten entschuldigt. Eine weitere mögliche Entschuldigung ist der Verlust der Kontrolle der Täter über sie selbst bzw. ihre Körper – ausgelöst durch z. B. Stress (Gemünden 1996: 270f.). Ein Kosten-Nutzen-Abgleich ist Inhalt der Strategie der Bilanzierung. Sofern die Nutzen die Kosten überwiegen wird der gegenwärtige Zustand beziehungsweise die Partnerschaft aufrechterhalten (Hanak et al. 1989: 27). Die Strategien der Problematisierung sind dadurch charakterisiert, dass die Gewalt als Bestandteil der Partnerschaft nicht mehr akzeptiert wird. Entschuldigungen werden nicht mehr angenommen. Die Betroffen verlangen, dass die Ursachen gewaltauslösender Faktoren wie Alkoholismus angegangen werden (Gemünden 1996: 272).

2.2.2 Bewältigungsstrategien nach Dutton (2002)

Dutton (2002) entwickelte verschiedene Kategorien von Flucht- und Bewältigungsstrategien. Kategorie eins wird bezeichnet als gerichtliche Maßnahmen. Dies impliziert das Rufen der Polizei, Kontaktaufnahme mit Anwältinnen und Anwälten und Gerichten, Erwirkung des Umgangsverbots seitens der Partner, etc. Kategorie zwei sind formal hilfesuchende Strategien. Inhalt dieser sind der Einzug ins Frauenhaus, dass Hilfesuchen bei Institutionen, welche mit dem Thema häusliche Gewalt konfrontiert sind, wie Kirchen, Ärzte, soziale Dienste, Frauengruppen, etc. Informell hilfesuchende Strategien bilden Kategorie drei. Diese sind dadurch gekennzeichnet, dass die betroffenen Frauen ihr soziales Umfeld zum Zwecke der Hilfeleistung aktivieren. Zum Beispiel erzählen sie anderen Menschen von ihrer Misshandlungsbeziehung und bitten sie, zu intervenieren. Das Fluchtverhalten bildet eine weitere Kategorie. Dieses ist charakterisiert durch das Verlassen der gemeinsamen Wohnung bzw. des Wohnorts der Täter, das Einschließen in Zimmern, etc. Die Kategorie Trennung oder Scheidung umfasst neben Trennung oder Scheidung die Beantragung des

Sorgerechts. Kategorie sechs ist das Verheimlichen oder Verkleiden. Diese beschreibt das Verheimlichen des Wohnorts, der Arbeitsstätte und der Schule der Kinder. Auch ändern die Frauen ihre optische Identität, damit ihr Täter sie nicht erkennt. Mit einer weiteren Kategorie dem Entgegenkommen ist gemeint, dass die von Gewalt betroffenen Frauen den Wünschen und Anforderungen der Täter gerecht werden, diese erfüllen und vorhersehen können. Eine andere Bewältigungsform ist die der aktiven und passiven Selbstverteidigung. Diese impliziert körperliche Abwehr bzw. den Schutz des Körpers und körperliche Gegenwehr bei tatsächlicher oder angedrohter Gewalt. Gesetzlich ist es erlaubt, Notwehr zu leisten. Wie jedoch sollen sich Frauen verteidigen, wenn sie – in den meisten Fällen – körperlich schwächer als ihre Täter sind? Körperliche Gewalt mittels Händen und Füßen reicht meist nicht aus, um die körperliche Kraft des Täters zu überwinden. Die Täter reagieren auf die körperliche Wehr der Frauen entweder überrascht und erkennen die Gefahr der Gewalt, begrenzen ihre Gewaltausübung oder sie nehmen die Abwehr oder Wehr der Frauen als Anlass die Gewalt zu steigern. Die letzte konkrete Kategorie von Dutton ist das Einsetzen der Kinder. Diese werden dazu aufgefordert die Polizei zu rufen, mit eigenem körperlichem Einsatz die Mütter zu beschützen und den Bedürfnissen der Täter nachzukommen, damit sie ihn nicht zusätzlich erregen (Dutton 2002: 70ff.).

Neben diesen Bewältigungsmöglichkeiten bestehen noch weitere. In ihrem Buch „Gewalt gegen Frauen" beschreibt Dutton (2002) die Folgen von Traumata. Diese können aber direkt und indirekt auch als Bewältigungsmöglichkeiten eingeordnet werden, weil inhaltliche Zusammenhänge zu einigen in den Kapitel 2.1.2, 2.1.3 und 2.1.6 beschriebenen Bewältigungsformen und Bewältigungsreaktionen sichtbar werden.

Infolge von Partnergewalt gegen Frauen können die Betroffenen ein erhöhtes Furcht- und Angstniveau aufbauen mit einhergehendem Vermeidungsverhalten. Die Furcht und Angst richtet sich gegen die Täter oder ehemaligen Täter. Die Furcht verfestigt sich, wenn von den Tätern weitere Gefahr nicht auszuschließen ist. An dieser Stelle sind vermeidende Bewältigungsformen zu nennen. Die betroffenen Frauen vermeiden ihre gewalttätigen Partner, vermeiden Situationen, in welchen Zweisamkeit dominiert, sie verhalten sich den Tätern gegenüber unauffällig, sehen von einer Anzeige ab und verschweigen die erlebten Gewalterfahrungen vor sich selbst und anderen. Jede Konfrontation mit der Gewalt wird vermieden. Folgen von Bewältigung, welche durch Vermeiden geprägt sind können das Leugnen oder Verharmlosen von Gewalterfahrungen sein sowie eine Gefühlstaubheit oder -blockade. Eine Gefühlstaubheit oder -blockade äußert sich zum Beispiel in neuen Partnerschaften der von

Gewalt betroffenen Frauen. In diesen ist es ihnen schwer möglich Emotionen zu zulassen und zu zeigen (Dutton 2002: 92ff.).

Trauer ist auch eine Bewältigungsreaktion misshandelter Frauen. Dies äußert sich durch traurige Gefühlsstimmungen und affektiven Schmerz. Der Schmerz bezieht sich auf den Verlust von Hoffnung, Identität, Selbstwertgefühl und auf den Verlust der Partner und Einkünfte (Dutton 2002: 96).

Ärger richtet sich entweder gegen die Täter direkt, was durch die Erwartung an mehr Sicherheit allerdings meist in Anwesenheit Dritter stattfindet. Der Ärger kann sich aber auch gegen Dritte richten, welche wenig bis gar nicht in die Misshandlungsbeziehung eingebunden sind. Wenn der Ärger nicht offen artikuliert wird und den handelnden Frauen nicht bewusst ist, kann dies psychosomatische Beschwerden zur Folge haben (Dutton 2002: 95f.).

Wie schon in Kapitel 1.6.4 beschrieben ist der erhöhte Gebrauch von Substanzmitteln eine Folge von Gewalt gegen Frauen. Durch Substanzmittelgebrauch werden affektive Schmerzen, Angst und negative Gefühle reduziert. Aber nicht nur Substanzmittel haben eine solche Wirkung, auch Anorexie, Bulimie, Selbstverletzung, Kauf- Spiel- und Arbeitssucht (Dutton 2002: 98).

Worin besteht der Sinn des Lebens und welchen Sinn hat die Gewalttätigkeit der Partner? Diese Fragen sind zentraler Bestandteil der täglichen Auseinandersetzung der Betroffenen mit sich selbst und ihrer Umgebung. Auch fragen sich die Frauen, in welchem Zusammenhang Gewalt und Liebe stehen. Die Partnerschaft wird durch Gewalthandlungen seitens der Männer in einen neuen Sinnzusammenhang eingeordnet (Dutton 2002: 100). Auch Takano (2006) formuliert, dass die betroffenen Frauen den Sinn der Gewalt ihrer Partner suchen. Die Frauen können Gefühle des persönlichen Wachstums erleben. Sie können Sinn in kleinen Dingen des Lebens sehen, können die Gewalt als Erfahrung betrachten und können andere Menschen mehr als zuvor respektieren. Durch die Sinnsuche können die Frauen besser mit ihrer gegenwärtigen Situation umgehen (Takano 2006: 349f.).

Gewaltbetroffene Frauen stellen Überlegungen zu ihrer eigenen Toleranzschwelle bezüglich der Gewalthandlungen der Partner an. Ist die Toleranzschwelle erreicht, kann es sein, dass die Frauen die Toleranzschwelle erweitern oder die Beziehung versuchen zu ändern. Unter bestimmten Umständen wird die Gewalt nur akzeptiert, um die Verlustfolgen wie den Verlust des Zuhauses, des Lebensstandards und der Partner zu umgehen (Dutton 2002: 102).

2.2.3 Bewältigungsreaktionen nach Müller und Schröttle (2004)

Müller und Schröttle (2004) haben verschiedene Reaktionen von Frauen auf die Gewalt ihrer Partner ermittelt. Die dazu befragten Frauen konnten mehrere Antworten geben. Die quantitativen Ergebnisse können in der nachfolgenden Abbildung entnommen werden (Müller, Schröttle 2004: 274ff.).

Abbildung 4: Reaktionen von Gewalt betroffenen Frauen auf die Gewalt ihres Partners

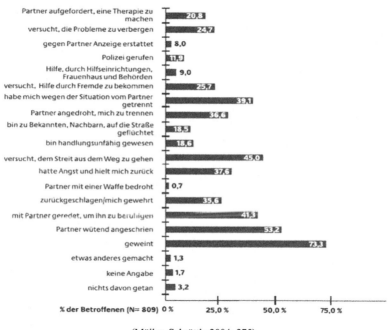

(Müller, Schröttle 2004: 275)

Die häufigste Reaktion auf die Gewalt vom Partner war Weinen. Rund 36 Prozent der befragten Frauen gaben an, dass sie sich gewehrt haben bzw. als Gegenreaktion den Partner angegriffen haben. Wenige Frauen haben ihren Partner mit einer Waffe bedroht. Zu einem großen Teil zeigten die Frauen verbale Reaktionen auf die Gewalt von den Partnern. Zum Beispiel haben sie die Partner wütend angeschrien, haben sie durch verbale Kommunikation versucht zu beruhigen oder ihnen angedroht, sich zu trennen. Betroffene suchten auch Hilfen informeller und formeller Art. So haben sie beispielsweise die Polizei gerufen. Eine weitere Bewältigungsreaktion war Flucht vor den Partner und Trennung von den Partnern – auch zu einem relativ großen Anteil. Neben diesen Bewältigungsreaktionen wurden noch defensive Verhaltensweisen gewählt. Die Frauen waren handlungsunfähig, haben versucht, die Probleme zu verbergen, wichen der Auseinandersetzung aus und/ oder hatten Angst. Die defensiven Reaktionen nahmen einen Raum von einem Fünftel aller möglichen Bewältigungsreaktionen ein (Müller, Schröttle 2004: 275).

Die Frage nach körperlicher Gegenwehr der von Gewalt betroffenen Frauen, wurde nochmal gesondert bearbeitet. Circa 36 Prozent der befragten Frauen haben sich auf die Gewalt ihrer Partner gelegentlich oder häufig körperlich gewehrt. Ein Drittel der befragten Frauen hat nie körperliche Gegenwehr angewendet und rund 13 Prozent der von Gewalt betroffenen Frauen haben sich einmal körperlich gegen die Gewalt ihrer Partner gewehrt (Müller, Schröttle 2004: 271).

Um genauere Angaben zum Fluchtverhalten der von Gewalt betroffenen Frauen machen zu können, wurde dieses genauer betrachtet. Der folgende Abschnitt bezieht sich nur auf Gewalt betroffene Frauen, welche mit ihren Partner zusammen lebten. 92 Prozent der Frauen, welche vor ihren gewalttätigen Partnern flüchteten, nahmen die Beziehung zu ihren Partnern wieder auf. Circa 33 Prozent dieser Frauen nahmen die Partnerschaft einmal wieder auf, die anderen mehrfach. Bei rund 87 Prozent der Gewalt belasteten Partnerschaften setzte die Gewalt nach erneuter Aufnahme der Partnerschaft wieder ein. An welchen Ort flüchteten die Betroffenen? Die Frauen konnten mehrere Antworten geben. In der Regel flüchteten die Frauen zu Menschen aus ihrem sozialen Umfeld. Zu einem wesentlich kleineren Anteil flüchteten die Frauen in soziale Einrichtungen. Zum Beispiel flüchteten 53,3 Prozent der Frauen zu Freunden, Verwandten oder ihren Eltern. Im Vergleich dazu flüchteten aber nur acht Prozent der Frauen in Frauenhäuser. Zu 1,8 Prozent flüchteten die Frauen zu einem neuen Partner und eine eigene Wohnung nahmen sich 1,7 Prozent. Letztendlich trennten sich 69 Prozent der Befragten endgültig, sechs Prozent temporär und 28 Prozent trennten sich nicht (Müller, Schröttle 2004: 279ff.).

Die Inanspruchnahme medizinischer, psychosozialer, polizeilicher und gerichtlicher Intervention wird in der Studie von Müller und Schröttle (2004) ausführlich bearbeitet. Da diese Zahlen in einem anderen Kontext ermittelt wurden als die Reaktionen der Frauen auf die Gewalt ihrer Partner, werden hier andere Zahlen benannt. Die folgenden Zahlen beziehen sich sowohl auf Frauen, welche Gewalt innerhalb als auch außerhalb von Partnerschaften erlebt haben. Mehrfachnennungen waren möglich. Frauen, welche körperliche oder sexualisierte Gewalt erlebt haben, schalteten zu 16 Prozent medizinische Hilfen ein und elf Prozent schalteten psychosoziale Hilfen ein. 14 Prozent der Frauen nahmen polizeiliche Intervention in Anspruch und neun Prozent erstatteten Anzeige. Bei Frauen, die Gewalt im partnerschaftlichen Kontext erlebten, ist zumindest die Reihenfolge gleich. Medizinische Hilfe wurde am meisten genutzt. Psychosoziale Hilfen bilden Rang zwei und Rang drei bilden polizeiliche Interventionen. Betrachtet man allerdings Frauen, die Gewalt außerhalb von Partnerschaft erlebten, gesondert, dann zeigt sich, dass die Reihenfolge psychosozialer Hilfe und polizeilicher Intervention tauscht (Müller, Schröttle 2004: 158ff.). Aus diesen Zahlen lässt sich schließen, dass Gewalt gegen Frauen innerhalb von Partnerschaften größer ist, als Gewalt gegen Frauen außerhalb von Partnerschaften. Dies lässt sich daran erkennen, dass das Gesamtranking sich an der Inanspruchnahme der Hilfe von Gewalt gegen Frauen in Partnerschaften orientiert.

2.3 Gewaltbewältigung während eines Frauenhausaufenthaltes

Frauenhäuser sind Institutionen, in denen Frauen und ihre Kinder Unterkunft und Unterstützung erfahren, wenn sie von Gewalt bedroht oder betroffen sind. Zielgruppe bilden größtenteils Frauen die von Partnergewalt betroffen sind. Entstanden sind Frauenhäuser aus der neuen Frauenbewegung (Wieners 2011: 307). Ende des Jahres 2011 und Anfang des Jahres 2012 konnten in der Bundesrepublik Deutschland 353 Frauenhäuser registriert werden (Bundesministerium für Familie, Senioren, Frauen und Jugend 2013: 56).

Im Frauenhaus werden die Frauen bei der Weiterentwicklung ihrer persönlichen Gewaltbewältigung unterstützt (Hagemann-White et al. 1981: 13). Dafür werden ihnen auch die Gewaltmechanismen und die Machtübernahmestrategien der Täter erklärt (Appelt et al. 2004: 19ff.). Die Angebote und Unterstützungen der im Frauenhaus arbeitenden Mitarbeiterinnen sind unterschiedlich und vielfältig (Becker 2013: 47). Einige werden nachfolgend vorgestellt.

2.3.1 Beratung und Angebote

Mittels von Beratungen seitens der Frauenhausmitarbeiterinnen können die betroffenen Frauen die ihnen widerfahrene Gewalt überwinden bzw. bewältigen. Voraussetzung dafür ist ein Aufnahmegespräch, was mit jeder Frau abgeleistet wird. In diesem wird den Frauen dargelegt, dass sie im Frauenhaus Sicherheit und Schutz erfahren.

Das Aufnahmegespräch hat diagnostische Ähnlichkeit. Im Aufnahmegespräch wird die Feststellung bezüglich der physischen und psychischen Befindlichkeit gemacht, um eventuell den Kontakt mit zusätzlichen Institutionen aufzunehmen (Becker 2013: 47). Auf Grund der Unterschiedlichkeit in den Problematiken der Frauen ist es Frauenhäusern oft allein nicht möglich, allen Bedarfen der Frauen gerecht zu werden. Beispielsweise arbeiten Frauenhäuser mit der Polizei, Jugendämtern und Beratungsstellen zusammen (Bundesministerium für Familie, Senioren, Frauen und Jugend 2013: 74f.). Weitere Inhalte des Aufnahmegesprächs sind die Gewaltbeziehung generell und die Einschätzung der Gefährlichkeit der Täter (Becker 2013: 47f.). Bereits im Aufnahmegespräch wird nach etwaigen Unterstützungsmöglichkeiten gesucht (Hagemann-White et al. 1981: 219).

Was sind die Inhalte des ersten Beratungsgesprächs und wodurch ist es geprägt? Die Frauen werden in ihrem Trennungsvollzug durch die Frauenhausmitarbeiterinnen bekräftigt und werden in allen Entscheidungen unterstützt. Den Frauen wird kein Handlungsleitfaden zur Verfügung gestellt. Im Frauenhaus können die Frauen ihre Wünsche und Bedürfnisse wahrnehmen, auch wenn dies in Zusammenhang mit der Wiederaufnahme der Beziehung steht. Weitere Inhalte des Gesprächs sind z. B. die Misshandlungsbeziehung, die Formen der Gewalt, die Gefühle und die Rolle der Kinder in der Beziehung. In diesem Beratungsgespräch werden oft schon die angewandten Bewältigungsformen deutlich. Beispielsweise deklarieren die Frauen die Gewalthandlungen nicht als Gewalt. Die Frauen werden in dem Erkennen ihrer Bewältigung unterstützt und diese wird weiterentwickelt. Die Erzählungen der Frauen werden ihnen aus einer neutralen Perspektive gespiegelt, damit das Gesagte für sie deutlicher wird. Im Erstgespräch wird den Frauen Bewusstsein für ihre Situation geschaffen und Unterstützung zugesagt. Neben diesen Inhalten sind noch die weitere Informationsgabe, wie rechtliche Anliegen, Inhalte des Erstgesprächs. Den Fokus und den Zeitverlauf des Beratungsgesprächs bestimmen die betroffenen Frauen (Hagemann-White et al. 1981: 220ff.).

Daran angeschlossen ergeben sich weitere Beratungsgespräche (Becker 2013: 48). Den Schwerpunkt dieser Beratungsgespräche bilden die Bedürfnisse der Frauen (Du Bois 2000: 182). Ziel ist es, dass die Frauen die ihnen widerfahrene Gewalt bewältigen. Die Frauen werden unterstützt bei ihrer Zukunftsplanung und bei der Erledigung bürokratischer Angelegenheiten (Becker 2013: 48f.). Ähnlich wie Becker äußern Hagemann-White et al. (1981), dass in den Beratungsgesprächen schwierige Angelegenheiten bewältigt werden, die Frauen bei Entscheidungsfindungen unterstützt werden, Informationen erhalten und beraten werden bezüglich ihrer finanziellen und rechtlichen Situation (Hagemann-White et al. 1981: 222). Inhalte der Beratungen sind die den Frauen widerfahrene Gewalt, Überlegungen zur rechtlichen Situation der Frauen, Traumatisierungen und Gewaltbewältigungsformen der Frauen. In den Beratungsgesprächen werden die Erlebnisse der Frauen reflektiert. Es wird die Frage beantwortet, ob die Gewalterfahrungen im Zusammenhang mit den Biographien der Frauen stehen. Die erlebte Gewalt wird den Frauen verdeutlicht. Sie können innerhalb dieser Beratungen auch ihren eigenen Grenzwert lernen zu erkennen und zu betonen (Seith 2003: 202). Auch wenn die Aussagen von Seith teilweise wiederholenden Charakter haben, bestätigen sie die Aussagen der anderen Autorinnen.

Es wird versucht, mit den Frauen ihre Frauen- und Mütterbilder zu editieren (Hagemann-White et al. 1981: 204). Die Diskussion über Geschlechtsbilder ist – laut Appelt et al. (2004) – sinnvoll für das Erkennen der eigenen Frauenrolle (Appelt et al. 2004: 38). Für nähere Informationen dazu vergleiche in Kapitel 1.4.1 die Darstellungen von Johnson (1995).

Weitere Inhalte der Beratungsgespräche – diese beziehen sich sowohl auf Einzel- als auch auf Gruppenberatungsangebote – sind die Auseinandersetzung und Reflexion mit der Partnerschaft, gesundheitsbeeinträchtigende Folgen der Gewalt, Trennung und Scheidung (Benikowski, Willeke 2012: 226). In den Beratungsgesprächen werden auch die Gefühle der Frauen thematisiert (Du Bois 2000: 191) und es wird versucht, die Frauen emotional zu stabilisieren. Die Dauer und die Anzahl der Gespräche und deren Inhalt sind sehr unterschiedlich. Die Gesprächsinitiative wird vorwiegend von den Bewohnerinnen ergriffen (Hagemann-White et al. 1981: 222ff.).

Gruppenaktivitäten bieten eine Möglichkeit, andere Frauen mit ähnlichen Erfahrungen zu erleben. So können die Frauen verstehen, dass die erlebte Gewalt kein Einzelschicksal darstellt. Gruppen sind förderlich für die Anregung des Austausches zwischen den Bewohnerinnen (Henschel 2012: 349) und zur Verbesserung des Selbstbewusstseins der Frauen (Appelt et al. 2004: 38). Die Angebote, die im Zusammenhang mit Gruppen stehen, orientieren sich an den Interessen der betroffenen Frauen. Gruppenaktivitäten finden auch im Rahmen von Gruppengesprächssitzungen statt. Inhalte dieser sind z. B. Bewältigung in Form von Strafanzeigen, Suchterkrankungen und Besprechung rechtlicher und bürokratischer Angelegenheiten. Positive Aktivitäten mit den Frauen verbessern die allgemeine Frauenhausatmosphäre. Es werden z. B. Spielabende veranstaltet, Sportgruppen angeboten und Kulturveranstaltungen besucht. Kurse zur Verbesserung der Selbstbehauptung können das Selbstbewusstsein und das Durchsetzungsvermögen verbessern (Hagemann-White et al. 1981: 242). Appelt et al. (2004) gehen davon aus, dass es sinnvoll wäre, wenn Selbstverteidigungskurse Bestandteil der Frauenhausarbeit seien (Appelt et al. 2004:

39). Auch wenn die Aufführungen von Hagemann-White et al. bereits aus dem Jahre 1981 entstammen, sind sie noch heute aktuell. Becker (2013) hat in ihrer Studie ähnliche Ergebnisse erzielen können. Sie legt dar, dass in den Frauenhäusern Gruppenaktivitäten in Bezug auf Entspannung und kreativer Gestaltung stattfinden. Positive Aktivitäten wie gemeinschaftliche Unternehmungen und Feiern werden ebenfalls angeboten. Außerdem hat sie herausgefunden, dass Gruppengespräche über Erlebtes und Zukunftsperspektiven stattfinden. An der Organisation der Aktivitäten sind neben den Frauenhausmitarbeiterinnen auch die Bewohnerinnen beteiligt. Ziel ist die Unterstützung der Interaktion und Solidarität zwischen den Bewohnerinnen (Becker 2013: 50f.). Auch Appelt et al. (2004) äußern, dass Gruppen angeboten werden, in denen Frauen kreativ sein und ihre Ausdruckkraft verbessern können. Beispielsweise sind dies Mal- und Singgruppen (Appelt et al. 2004: 38).

Neben der Beratung für aktuelle Bewohnerinnen werden auch Frauen beraten, die bereits aus dem Frauenhaus ausgezogen sind (Bundesministerium für Familie, Senioren, Frauen und Jugend 2013: 54). Dies impliziert auch Gruppenaktivitäten (Hagemann-White 1981: 242).

2.3.2 Selbstorganisation und Zusammenleben

Parteilichkeit ist ein wesentlicher Grundsatz der Frauenhausarbeit. Parteilichkeit im Sinne der Frauenhausarbeit bedeutet, dass die Frauenhausmitarbeiterinnen sich für die dort lebenden Frauen und ihre Interessen einsetzen (Heinz 2002: 22). Parteilichkeit bedeutet hier im konkreteren Sinne, dass die Frauen in all ihren Anliegen unterstützt werden und für die Frauen Partei ergriffen wird. Es findet keine Arbeit mit den Tätern und keine partnerschaftliche Beratung im Sinne einer Beratung von Frau und Mann statt (Appelt et al. 2001: 441). Durch parteiliche Frauenhausarbeit sollen die betroffenen Frauen Autonomie erlangen. Bei der Durchsetzung dieses Ziels ist – laut Hartwig und Weber (2000) – allerdings darauf zu achten, dass die betroffenen Frauen weder als schwächer noch als stärker dargestellt werden, als sie sind (Hartwig, Weber 2000: 36f.). Das Prinzip der Parteilichkeit wird sowohl von autonomen als auch von verbandlichen Frauenhäusern verwirklicht (Benikowski, Willeke 2012: 227). Autonome Frauenhäuser werden unabhängig von Partei und Konfession betrieben. Dort arbeiten ausschließlich Frauen und es werden ausschließlich Frauen aufgenommen. Das weibliche Geschlecht bildet die Gemeinsamkeit. In den autonomen Frauenhäusern ist der Grundsatz verankert, dass Männergewalt gegen Frauen gesellschaftlich zu erklären ist, denn die Gewalt sei strukturell in unserer Gesellschaft etabliert. Partnergewalt gegen Frauen steht für diese Frauen im Zusammenhang mit Macht und dem Patriarchat. Neben den autonomen Frauenhäusern gibt es in Deutschland verbandliche Frauenhäuser. Diese sind entweder einem Wohlfahrtsverband oder einer Kirche angeschlossen. Ein weiterer wichtiger Grundsatz ist die Partizipation der Frauenhausbewohnerinnen (Zentrale Informationsstelle Autonomer Frauenhäuser o. J.). Die Frauen sollen also die Möglichkeit auf Partizipation am Frauenhausalltag haben und die Chance haben, Kritik zu äußern. Gemeinschaft und Solidarität bilden zwei weitere wichtige Faktoren für das Zusammenleben (Appelt et al. 2004: 72). Die Frauen führen im Frauenhaus ein autonomes Leben. Sie haben ihren Alltag (Hagemann-White et al. 1981: 238f.) und ihr Leben selbstständig zu bewältigen (Henschel 2012: 349). Beispielsweise kochen, waschen und putzen die Frauen selbstständig oder gemeinsam mit anderen Frauen (Bergdoll, Namgalies-Treichler 1987: 75). Durch die Selbstorganisation können die Frauen neue Lernerfahrungen erlangen, werden eigenständiger (Hagemann-White et al. 1981: 240ff.) und können Selbstbewusstsein aufbauen (Bergdoll, Namgalies-Treichler 1987: 75). Die Realisierung eines selbstbestimmten Lebens im Frauenhaus ist schwierig, weil trotz allem die Frauenhausmitarbeiterinnen und die Träger der Frauenhäuser die Regeln des Zusammenlebens definieren. Die Möglichkeit demokratischen Entscheidens bildet die Hausversammlung, die regelmäßig stattfindet (Du Bois 2000: 31). An diesen nehmen einzelne Mitarbeiterinnen und die Bewohnerinnen teil. Damit die Selbstorganisation der Frauen problemlos umzusetzen ist, wird auf den wöchentlichen Hausversammlungen ein Dienstplan für Aufgaben wie Reinigen und Telefonieren erstellt (Hagemann-White et al. 1981: 239). Neben der Reinigung der persönlichen Räumlichkeiten haben die Frauen – je nach Einteilung – kollektiv genutzte Räumlichkeiten, Hof und Straße zu reinigen. Warum müssen die Frauen telefonieren? Die Frauenhäuser müssen durchgehend erreichbar und zugänglich sein. Deshalb nehmen Bewohnerinnen auch neue Frauen im Frauenhaus auf (Becker 2013: 52). Die Bewohnerinnen verwalten teilweise auch die Sachspenden. Das Erfüllen dieser Aufgaben erfüllt das Prinzip der Hilfe zur Selbsthilfe. Die Einteilung der beschriebenen Aufgaben kann zu Unstimmigkeiten zwischen den Frauen führen. Beispielsweise bekommen Frauen, die über deutschsprachige Kenntnisse verfügen den Telefondienst zugeteilt. Dies kann zur Hierarchiebildung zwischen den Bewohnerinnen führen (Lehmann 2008: 56 zit. Attia 2005). Was können neben den Diensten noch Inhalte von Hausversammlungen sein? Die Hausregeln können innerhalb der Hausversammlung modifiziert werden und es können Ausflüge geplant werden. Weitere Inhalte orientieren sich an den Interessen und Bedürfnissen der Frauenhausmitarbeiterinnen und Bewohnerinnen. Somit wird auch das Prinzip der Partizipation der

Frauen erfüllt (Appelt et al. 2004: 75). Allerdings wird die Hausversammlung von den Frauenhausbewohnerinnen als wenig sinnvoll erachtet. Beispielsweise empfinden die Frauen das permanente Diskutieren über den Putzdienst als lästig (Steinert, Straub 1988: 72f.). Aus den Regeln, die in der Hausordnung festgelegt sind, erwachsen für die Frauen auch Vorteile: Prinzipien, Strukturen, Rechte und Pflichten verleihen den betroffenen Frauen in ihrer schwierigen Lebenssituation Orientierung und Sicherheit (Appelt et al. 2004: 72).

Im Zusammenleben mit unterschiedlichen Frauen können differente Probleme und Konflikte entstehen (Ney 2005: 166). Die Frauen ähneln sich nur in Bezug auf die Erfahrungen mit Partnergewalt und der Beschäftigung mit den Themen Trennung und Zukunft. Heterogen sind die Frauen in ihrem Wesen und in ihrem vielfältigen Bewältigungsverhalten. Im Verlauf des Frauenhausaufenthaltes und dem Kontakt mit anderen Bewohnerinnen übernehmen die Frauen unterschiedliche Rollen und Aufgaben. Hierbei können Konflikte entstehen. Die Mitarbeiterinnen unterstützen den Konfliktlösungsprozess der Bewohnerinnen, wenn die Frauen damit selbst überfordert sind. Sie fungieren dann als schlichtende Partei. Konfrontationen die entstehen, wenn die Bewohnerinnen sich nicht an verabredeten Regeln orientieren wie Drogenverbot, Unterlassung von Gewaltanwendung, Diskriminierung (Hagemann-White 1981: 239f.) und dem gegenseitigen Ausspielen der Mitarbeiterinnen (Koelges 2002: 155) gehen mit negativen Konsequenzen einher, die die Frauenhausmitarbeiterinnen festlegen (Hagemann-White 1981: 240). Das gemeinsame Zusammenleben kann wirksam sein für die Entwicklung der Frauen. Einige Frauen empfinden dies als das bedeutsamste Kriterium während ihres Frauenhausaufenthaltes (Becker 2013: 51).

2.3.3 Erfahrungsaustausch und Unterstützung zwischen den Bewohnerinnen

Im Frauenhaus erleben viele Frauen, dass andere Frauen ähnliche Erfahrungen gemacht haben und dass sie keinen Einzelfall darstellen. Durch diese Erkenntnis, ist es den Betroffenen möglich, die subjektiv empfundene Schuld für die erlebte Gewalt anzuzweifeln. Sie erleben Partnergewalt als kollektive, nicht als individuelle Problematik (Hagemann-White et al. 1981: 204ff.).

Die Frauen haben im Frauenhaus die Möglichkeit, sich über die Bewältigung der Trennung auszutauschen. Sie können durch die Gespräche mit anderen betroffenen Frauen in ihren Trennungsentscheidungen und anderen Entscheidungen bestärkt werden. Beispielsweise erzählen Frauen, dass sie wiederholt im Frauenhaus sind, nachdem sie die Gewaltbeziehung wieder aufgenommen haben und dass die Beziehung sich nicht zum Positiven verändert hat. Dies kann abschreckend auf andere Frauen wirken, ähnlich zu handeln. Durch das gegenseitige Berichten der Frauen sind soziale Vergleiche möglich. Inwieweit ist es einer bestimmten Frau besser oder schlechter in ihrer Misshandlungsbeziehung ergangen als einer anderen Frau? Durch das Sprechen über die Gewalt ist es den Frauen möglich, ihre eigenen Bewältigungsversuche zu reflektieren. Positive Effekte der Bewältigung des gegenseitigen Austausches sind davon abhängig, inwiefern eine Beziehung unter den entsprechenden Frauen besteht und inwiefern die Frauen ihre Probleme zum Nutzen von anderen Betroffenen sekundär behandeln können. Unterstützen können die Frauen andere Frauen auch erst, wenn sie eigene neue Perspektiven erwirken konnten. Auch bei praktischen Erledigungen unterstützen sich die Frauen gegenseitig. Wenn beispielsweise eine zu hohe Bedrohung durch die gewalttätigen Männer ausgeht, machen Frauen gemeinsame Erledigungen. Sie lernen durch das gegenseitige Unterstützen, dass sie einander Schutz gewähren können und erleben Solidarität (Hagemann-White et al. 1981: 290ff.).

Innerhalb ihrer Gewaltbeziehung hatten die meisten Frauen kaum soziale Kontakte. Im Frauenhaus haben sie die Möglichkeit, mit anderen Betroffenen in Kontakt zu treten (Hagemann-White et al. 1981: 307f.) und ihre Freizeit gemeinsam zu verbringen. So können sich Freundschaften unter den Frauen bilden. Auch wenn viele im Frauenhaus geschlossene Freundschaften oft schon bei kleineren Konflikten beendet werden, gibt es einige Frauen, die ihre Freundschaften über den Frauenhausaufenthalt hinaus pflegen. Durch Kontakte zu anderen Frauen ist es den betroffenen Frauen möglich, die in der Partnerschaft erlebte Isolation zu beenden (Bergdoll, Namgalies-Treichler 1987: 75f.).

2.4 Zusammenfassung

Zusammengefasst bedeutet Bewältigung Umgang mit schädlichen, stressigen und bedrohenden Situationen. Schwierige Situationen können – wie bereits in der Einführung erwähnt – sowohl objektiv als auch subjektiv als schwerwiegend erachtet werden. Allerdings ist es schwierig, Situationen zu beurteilen, denn objektiv können sie beispielsweise als harmlos deklariert werden wohingegen die Subjekte sie als schwerwiegend einordnen. Objektiv können kritische Lebensereignisse zwar eingeschätzt werden, letztendlich können aber nur die Betroffenen selbst ein Ereignis in

Bezug auf seine Ausprägung, Folgen und begleiteten Emotionen beurteilen. Bewältigung ist komplex und nicht absolut auf eine Form der Bewältigung festzulegen. Menschen wenden zeitgleich verschiedene Formen der Bewältigung an. Allerdings überwiegen je nach Kontext bestimmte Bewältigungsformen. Die These aus der Einführung – vorhandene Ressourcen erleichtern die Bewältigung – kann bestätigt werden, denn umso mehr objektive und subjektive Ressourcen bestehen, desto effektiver können belastende Ereignisse bewältigt werden. Als Bewältigungsformen seien exemplarisch genannt das Verstehen eines Ereignisses, Leugnung, Verdrängung, Ablenkung, Grübeln, Vergleiche, Aufschreiben von Erlebnissen, Empfang und Sendung sozialer Unterstützung, Veränderung von Zielen und das Angehen eines Problems. Von Partnergewalt betroffene Frauen bewältigen Partnergewalt durch Wehr, Trennung, Veränderung der Toleranzschwelle, Verharmlosung, Finden von Entschuldigungen, Kosten-Nutzen-Abgleich, Flucht, Unterwürfigkeit, Selbstverteidigung, Sinnsuche der Gewalt, Vermeidung, Weinen, Aktivierung von sozialen Kontakten und staatlichen Behörden und Hilfesuchen bei Institutionen wie beispielsweise dem Frauenhaus. Es ist zu erkennen, dass die Gewaltbewältigungsformen betroffener Frauen den generellen Bewältigungsformen ähneln. Sie sind jedoch spezifischer. Bewältigen die Frauen die Gewalt ihrer Partner durch das Aufsuchen eines Frauenhauses, dann werden sie während des Aufenthaltes innerhalb von Beratungsgesprächen bei ihren Gewaltbewältigungsformen unterstützt und lernen durch Beratung und durch das Zusammenleben im Frauenhaus neue Formen der Gewaltbewältigung kennen.

3 Methodologie zur Empirie

Für die vorliegende wissenschaftliche Arbeit wurde eine (kleine) empirische Erhebung durchgeführt. Im anschließenden Text wird erläutert, wie dabei methodisch vorgegangen wird. Wie ist die Studie methodisch begründet? Die wichtigsten Techniken des Forschungsprozesses werden dargestellt, um die Vorgehensweise nachvollziehbar zu machen. Um zu verstehen, wie qualitative Sozialforschung definiert wird, wird auch die Theorie dieser illustriert. In dem empirischen Teil der vorliegenden wissenschaftlichen Arbeit werden die Daten mittels Expertinneninterviews erhoben. Wodurch sind die Expertinnen gekennzeichnet, was macht sie zu Expertinnen? Neben diesen und anderen Aspekten wird beschrieben, wie die Daten aufbereitet werden.

3.1 Theorie qualitativer Sozialforschung

Damit qualitative Sozialforschung gegeben ist, müssen verschiedene Voraussetzungen erfüllt sein (Mayring 2002: 19ff.). Diese Voraussetzungen teilt Mayring in zwei Gruppen ein. Gruppe eins bezeichnet Mayring als „Die Grundlagen qualitativen Denkens" (Mayring 2002: 19). In der Untersuchung wird mit Menschen gearbeitet. Diese werden als Untersuchungssubjekte bezeichnet (Mayring 2002: 20). Ist-Zustände werden mittels der Subjekte gemessen und ergründet. Die Forscherinnen und Forscher haben den Menschen so einzubeziehen, dass sie diesem Gebot gerecht werden (Kleining 1995: 19). Gegenstandsanalyse bedeutet, dass das Untersuchungsfeld vor Untersuchungsdurchführung genauestens analysiert werden muss. Für die Deskription des Untersuchungsfeldes ist es bedeutsam, dass verschiedene Quellen einbezogen werden (Mayring 2002: 21f.). Um Ergebnisse zu erlangen, müssen Forscherinnen und Forscher intensiv mit den Untersuchungssubjekten kommunizieren, denn nur so können Inhalte verstanden werden (Lamnek 1995: 20f.). In qualitativen Forschungen werden die Subjekte in ihrer gewohnten Umgebung untersucht, um möglichst lebensechte Ergebnisse zu erzielen. Diese können nicht in affektierten Atmosphären wie z. B. Laboren entstehen (Flick 2009: 27). Die an dieser Studie teilnehmenden Interviewpartnerinnen werden an ihrem Arbeitsplatz befragt. Damit keine Störmechanismen auftreten, werden die Interviews in einem geschlossenen Raum vollzogen. Eine weitere Forderung qualitativer Forschung ist die Verallgemeinerung. Diese drückt nicht aus, dass alle Ergebnisse qualitativer Forschung verallgemeinert werden können. Es ist – im Gegenteil – schwierig, qualitative Ergebnisse zu verallgemeinern, denn dies muss für jeden Kasus legitimiert sein. Hinzu kommt, dass die qualitative Sozialforschung meistens eine sehr geringe Stichprobengröße umfasst (Mayring 2002: 23f.).

Neben diesen Grundlagen qualitativer Sozialforschung gibt es noch eine zweite Gruppe. Diese bezeichnet Mayring (2002) als „Die 13 Säulen qualitativen Denkens" (Mayring 2002: 24). Sie werden hier teilweise zusammengefasst.

Der Bezug zum Einzelfall ist wichtig, weil sonst zu stark verallgemeinert wird. Nur so können Hintergründe der einzelnen Fälle mit berücksichtigt und überprüft werden. Durch die Analyse von einzelnen Fällen können z. B. bestehende Thesen widerlegt werden, weil diese genauer arbeitet als verallgemeinerte Analysen (Mayring 2002: 25ff.). Eine weitere Forderung qualitativer Sozialforschung ist die Offenheit. Die Offenheit erklärt, dass die Forscherinnen und Forscher nicht alle Hypothesen bestätigen können und sich während der Erhebung neue Hypothesen bilden können. Neue Aspekte können während des Forschungsprozesses entstehen. Diese müssen in der Studie verarbeitet werden (Lamnek 2005: 21). Qualitative Sozialforschung ist gekennzeichnet durch die Interaktion zwischen Forscherin bzw. Forscher und den Untersuchungsteilnehmerinnen und -teilnehmern (Lamnek 2005: 22). Menschen müssen ganzheitlich betrachtet werden. So müssen z. B. kognitive, emotionale, verhaltensbezogene und soziodemographische Aspekte beachtet werden (Mayring 2002: 33ff.). Induktion meint den Transfer der Ergebnisse auf vorhandene – im anderen Zusammenhang entstandene – Untersuchungsergebnisse. Die gewonnen Erkenntnisse werden mit Erkenntnissen anderer Studien verglichen. Gemeinsamkeiten müssen bewiesen werden (Brüsemeister 2008: 27). Für Menschen gibt es keine festen Handlungs- und Emotionsregelungen. Trotzdem können sich Regularitäten in dem Verhalten und Befinden von Menschen einstellen. Sie sind so vergleichbar, aber nicht verallgemeinerbar (Mayring 2002: 37f.).

Reliabel ist eine Studie, wenn sie zuverlässig und nachvollziehbar ist. Dies kann in qualitativen Interviews z. B. durch Leitfäden erreicht werden. So sind verschiedene Interviews vergleichbarer und verständlicher. Auch in dieser Studie wird ein Leitfaden entwickelt (Schirmer 2009: 80f.). Inwieweit fließen die Errichtungen und Definitionen der Forscherinnen und Forscher in den Forschungsprozess mit ein? Wird der Forschungsgegenstand von allen Beteiligten einheitlich verstanden? Die Beantwortung dieser Fragen beantwortet die Frage nach der Validität. Auch wenn es

Methodologie zur Empirie 81

schwierig ist, qualitative Forschung unter dem Aspekt der Objektivität zu betrachten, kann sie im Groben als objektiv betrachtet werden, wenn mehrere Forscherinnen und Forscher dieselben Ergebnisse erzielen können (Flick 2009: 493ff.).

3.2 Datenerhebung und Datenvorbereitung

Nachfolgend wird die Datenerhebung und -vorbereitung dargestellt. Dafür wird die Theorie qualitativer Interviews und die der Experteninterviews erklärt. Die Interviewpartnerinnen werden beschrieben und ihre Auswahl wird erklärt. Auch werden die Vor- und Nachbereitung der Interviews sowie die Datenerhebung beschrieben.

3.2.1 Theorie des qualitativen Interviews

Das Wort Interview hat seinen Ursprung in der französischen Sprache. Es wird vom französischen Wort „entrevoir" hergeleitet. Geplante Zusammenkunft, Begegnung und kurzes Treffen sind die Sinnbedeutungen dieses Wortes. Das Interview in seinem heutigen Gebrauch wird verstanden als geplanter und bewusst durchgeführter Dialog, in dem eine Person Fragen stellt und die andere Person auf die Fragen eingeht. In qualitativen Interviews ist die Gesprächssituation relativ offen gehalten. Die Fragen werden von der Interviewerin oder dem Interviewer offen gestellt, d. h. dass die Interviewten ihre Antworten selbst formulieren und entscheiden, was sie antworten. Es bestehen keine Antwortvorgaben. Die Fragen der Interviewerin oder dem Interviewer passen sich der Gesprächssituation an. Der Kommunikationsstil ist durch Sympathieoffenbarung seitens der Interviewerin oder des Interviewers geprägt oder durch eine neutrale Haltung. Die Interviewten sollen nicht beeinflusst werden. Diese Methode wird auch in den Interviews dieser Studie gewählt. Qualitative Interviews erfolgen mündlich und oft als Einzelinterviews. Dies ist sinnvoll, da dies persönlicher und nicht anonym ist (Lamnek 2005: 329ff.). Durch das Arbeiten mit wenigen Fällen ist es möglich, tiefgründige Informationen zu erhalten, als wenn mit einer hohen Fallrate gearbeitet wird. Auf Grund dessen (Berger 2010: 128) und aus forschungspraktischen Gründen werden in dieser Studie lediglich zwei Interviews durchgeführt.

Auf welche Art erfolgen qualitative Interviews? An dieser Stelle wird nur auf Leitfadeninterviews eingegangen, weil diese auch in der vorliegenden Studie angewendet werden. Die Anzahl der Fragen und der abzuhandelnden Themen variiert. Die

Fragen der Interviewerin oder des Interviewers passen sich dem Gesprächsverlauf an. Auch neue Aspekte, welche sich aus den Äußerungen der Befragten ergeben und für die Studie relevant sind, werden von den Interviewerinnen und Interviewern aufgegriffen. Die Interviewerinnen und Interviewer können also bei Bedarf Nachfragen stellen. Mittels teilstandardisierter Interviews können Handlungsintentionen, Kenntnisse, persönliche Deutungen und Kosten-Nutzen-Vorstellungen der Befragten gewonnen werden (Hopf 1995: 177ff.). Ein Interviewleitfaden verleiht Interviews Struktur (Strübing 2013: 92) und mehrere Interviews können miteinander verglichen werden. Die Befragten in dieser Studie bekommen die gleichen Fragen gestellt. So ist die Wahrscheinlichkeit gegeben, dass vergleichbare Ergebnisse erzielt werden können (Berger 2010: 137f.). Wie werden die oben beschriebenen Aspekte umgesetzt? Es ist wichtig, dass die Forscherin oder der Forscher die Fragen während der Interviewsituationen formuliert, um sie dem Sprachniveau der Befragten anzupassen, auch wenn inhaltlich die Fragen vor der Interviewdurchführung feststehen sollten. Auch die Reihenfolge der Fragen bleibt offen. Die Fragen werden in dieser Studie vorformuliert und in eine Reihenfolge gebracht. Je nach Bedarf und Verständnis werden die Formulierungen situativ angepasst. Die Reihenfolge kann je nach Gesprächskontext angepasst werden (Lamnek 1995: 65). Jedoch ist es sinnvoll, vor der Interviewdurchführung eine Reihenfolge zu bestimmen, welche die Forscherin oder der Forscher für sinnvoll erachtet (Strübing 2013: 92). Die Fragen werden offen formuliert. Um dem Postulat der Offenheit gerecht werden zu können, sollte sich die Interviewerin oder der Interviewer vor der Interviewdurchführung nicht zu theoretisch mit der Problemstellung befassen, um nicht beeinflusst zu sein. Dem Postulat der Offenheit wird in dieser Studie nur teilweise entsprochen. Die Fragen werden offen formuliert, allerdings befasst sich die Forscherin vor der Datenerhebung ausführlich mit theoretischen Erkenntnissen des Themas. Für Erklärungen dazu vergleiche weiter unten im Text. Der Gesprächsrahmen wird insoweit inszeniert, dass die Gesprächsatmosphäre positiv beeinflusst wird und durch Vertrautheit und Entspannung geprägt ist (Lamnek 1995: 65). Zur Verbesserung der Interviewatmosphäre werden in den Interviews dieser Studie Getränke und Gebäck bereitgestellt.

Abhängig vom Thema des Interviews, der Person der Befragten an sich, der Gesprächswilligkeit und der Ausdrucksfähigkeit der Befragten variiert die Gesprächsdauer. Damit die zu Befragenden sich auf die aufzubringende Zeit einstellen können, wird ihnen - in dieser Studie – bei der Kontaktaufnahme mitgeteilt, dass das Interview schätzungsweise anderthalb Stunden dauern wird. Auch die Interviewerinnen und Interviewer benötigen zur Durchführung von Leitfadeninterviews Kompetenzen

Methodologie zur Empirie 83

im Bereich der Kommunikation und Artikulation. Es ist elementar, dass die Interviewerinnen und Interviewer mit dem Thema des Interviews vertraut sind, um die Kommunikation zu gestalten. An dieser Stelle ergibt sich bereits ein Argument, warum die Interviewerinnen und Interviewer sich vor der Datenerhebung mit der Thematik zu befassen haben (Lamnek 1995: 66f.). Ein Interview verläuft nie homogen. Die Antworten der Interviewten sind bei Wiederholung des Interviews nicht dieselben. Das Interview ist nicht reliabel. Die Interviews sind nicht objektiv, sondern subjektiv geprägt (Helfferich 2005: 138).

3.2.2 Theorie des Experteninterviews und Beschreibung der Interviewteilnehmerinnen

Experteninterviews werden den qualitativen Interviews zugeordnet (Hopf 1995: 177). Sie finden im Bereich der Sozialforschung große Anwendung (Meuser, Nagel 2009a: 465). Was ist eine Expertin bzw. ein Experte? Expertinnen und Experten weisen besondere Kenntnisse auf. Besondere Kenntnisse können sich auf Wissen beziehen, welches nur eine Person besitzen kann, auf Wissen über personenbezogene Elemente wie Krankheiten oder Hobbies, auf Fachwissen oder auf Kenntnisse, welche mit sozialer Interaktion in Zusammenhang stehen wie Kenntnisse über den Betriebsablauf der eigenen Firma. In dieser Studie werden zwei Expertinnen befragt. Diese sind langjährige Mitarbeiterinnen in einem Frauenhaus in Deutschland. Eine Expertin hat ein Alter von 62 Jahren (Hanne Mölders[4]) und ist seit 32 Jahren im Frauenhaus tätig. Sie ist Diplom-Sozialpädagogin. Die zweite Expertin (Mona Schuhmacher[5]) ist 48 Jahre alt und seit 18 Jahren im Frauenhaus tätig. Ihr Beruf ist Diplom-Pädagogin. Auf Grund der langjährigen Arbeit mit von Gewalt betroffenen Frauen verfügen sie über ein ausführliches Wissen über Gewalt an Frauen und ihre Gewaltbewältigung und werden deshalb für diese Studie als Expertinnen herangezogen (Gläser, Laudel 2010: 11f.). Expertinnen und Experten können aber auch Wissenschaftlerinnen und Wissenschaftler bzw. Akademikerinnen und Akademiker sein. Die zu Befragenden sind studierte Fachkräfte (Bogner, Menz 2009: 10). Experteninterviews sind „[…] Untersuchungen, in denen soziale Situationen oder Prozesse rekonstruiert werden, um eine sozialwissenschaftliche Erklärung zu finden." (Gläser, Laudel 2010: 13) Meuser und Nagel (2009b) sind der Ansicht, dass Expertinnen und Experten von den Forscherinnen und Forschern subjektiv definiert werden und nur

---
[4] Name aus datenschutzrechtlichen Gründen geändert
[5] Name aus datenschutzrechtlichen Gründen geändert

im Kontext des Forschungsfeldes bestimmt werden können. Auch sie sagen, dass Expertinnen und Experten über Wissen verfügen, welches durch individuellen bzw. seltenen Charakter gekennzeichnet ist. Expertenwissen kann nicht nur als Wissen, welches im Zusammenhang mit berufsfeldspezifischen Kenntnissen steht, definiert werden. Die Definition ist offener. Deutlich wird, dass sie zwischen Experten- und Alltagswissen unterscheiden. Wissen kann auch aus Erfahrungen erwachsen. Expertenwissen ist für sie auch das Wissen, das im Zusammenhang mit Handlungsabläufen besteht. Neben den bereits aufgeführten Definitionen der studienbezogenen Expertinnen, haben die zu befragenden Expertinnen ihr Wissen aus ihrer langjährigen Erfahrung bezogen und verfügen über das Wissen von Handlungsabläufen in der Frauenhausarbeit (Meuser, Nagel 2009b: 37ff.). Expertinnen und Experten sind gekennzeichnet durch die vereinfachte Erreichbarkeit von sozialen Zielgruppen und die vereinfachte Teilhabe an bestimmten sozialen Prozessen. Dadurch, dass die an der vorliegenden Studie teilnehmenden Expertinnen täglich mit von Gewalt betroffenen Frauen agieren, haben sie leichten Zugang zu dieser beschriebenen Zielgruppe und können sie sehr gut beschreiben (Meuser, Nagel 2009a: 470).

Welchen Vorteil hat das Experteninterview gegenüber anderen Erhebungsmethoden? Expertinnen und Experten werden anstatt vieler einzelner Probandinnen und Probanden befragt. So haben sie repräsentativen Wert (Bogner, Menz 2009: 8). Die für die vorliegende Studie relevanten Expertinnen stellen nicht ihre persönliche Sach- und Problemlage dar, sondern die von Gewalt betroffenen Frauen. Die Expertinnen werden an Stelle von einzelnen Probandinnen befragt. Sie arbeiten seit vielen Jahren im Frauenhaus und haben auf Grund der Erfahrungen, die sie mit Gewalt betroffenen Frauen sammeln konnten, repräsentativen Wert.

Experteninterviews werden bevorzugt gewählt, wenn es schwierig ist, andere Interviewpartnerinnen und Interviewpartner zu mobilisieren oder die Kontaktaufnahme sich als schwierig erweist. Schwierig erweist sich die Kontaktaufnahme beispielsweise, wenn über tabuisierte Themen geforscht wird. Die Expertinnen dieser Studie haben auf Grund ihres Arbeitsfeldes leichten Zugang zu Frauen, die von Partnergewalt betroffen sind oder waren. Die Interviewsituation zwischen Interviewerin bzw. Interviewer und den Expertinnen bzw. Experten wird sich problemloser darstellen als Interviews mit Nicht-Expertinnen und Nicht-Experten. Das sprachliche Niveau und die soziale Kompetenz zwischen Interviewerinnen und Interviewer und Expertinnen und Experten sind ähnlicher Art. Die generelle Differenz zwischen den Interviewbeteiligten ist geringer als bei einer Befragung von Personen, die nicht über Expertenwissen befragt werden. Bezüglich der Interviewsituation wird deutlich, dass Bogner und Menz von Expertinnen und Experten mit akademischem Hintergrund sprechen. Die Forscherin kann auf Grund der erläuterten Erkenntnisse innerhalb der Datenerhebung dieser Studie aller Voraussicht nach ihr gewohntes Sprachniveau nutzen (Bogner, Menz 2009: 8ff.). Aus den Aufzeichnungen von Pfadenhauer (2009) ergeben sich diesbezüglich aber auch Nachteile. Sie meint, dass Experteninterviews nur als solche identifiziert werden können, wenn die Interviewerin oder der Interviewer einen Expertinnen oder Experten ähnlichen Status haben. Auch auf Grund dessen haben sich die Interviewerinnen und Interviewer intensiv auf das Interview vorzubereiten. Dies kann allerdings nur auf theoretische Weise erfolgen. Die Forscherin bereitet sich dementsprechend insoweit auf die Interviews vor, dass sie alle allgemeinen Fragestellungen zum Thema Partnergewalt beantworten kann, damit Fragestellungen, die die Forschungsfrage nicht konkret betreffen, den Interviews nicht belastend entgegenstehen. Außerdem kann sie durch eine theoretische Beschäftigung mit der Forschungsfrage einen angemessenen Fragebogen entwickeln (Pfadenhauer 2009: 107ff.). Mittels eines Experteninterviews ist es nicht möglich, das gesamte erarbeitete Theoriefeld bestätigen bzw. widerlegen zu lassen. Die vorliegende wissenschaftliche Arbeit hat das Ziel, einzelne Passagen der im Vorhinein erarbeiteten Theorie zu bestätigen oder zu falsifizieren. Auch sollen neue Erkenntnisse entstehen (Meuser, Nagel 2009b: 51). Studien, die mittels Experteninterviews ihre Daten erheben arbeiten mit kleinen Fallzahlen. Zentral ist hier die inhaltliche Tiefe der Interviews und weniger die Gegenüberstellung verschiedener Interviews. Auch an dieser Stelle wird nochmals deutlich, warum in der vorliegenden Studie mit kleinen Fallzahlen gearbeitet wird (Scholl 2003: 67).

3.2.3 Fallauswahl

Qualitative Interviews können kaum ohne theoretische Kenntnisse der Forschungsbeteiligten durchgeführt werden. Wie können Interviewteilnehmerinnen und Interviewteilnehmer auswählt werden, wenn keine theoretischen Kenntnisse bestehen? Dann verläuft die Wahl unwissentlich und es werden keine brauchbaren Ergebnisse erzielt (Lamnek 2005: 384f.). Durch die Erarbeitung theoretischen Materials und die Beschäftigung mit den Arbeitsfelder, die mit von Gewalt betroffenen Frauen konfrontiert sind, konnte die Forscherin Annahmen zu möglichen Expertinnen machen.

Auch Gläser und Laudel äußern, dass Fälle nur bestimmt werden können, wenn ein gutes theoretisches Verständnis des untersuchten Feldes besteht. Wenn Fälle ausgewählt wurden, müssen die bestimmten Personen der Untersuchung zustimmen. Die Kontaktaufnahme zu den Interviewpartnerinnen und ihre Zusage erfolgten in dieser

Studie telefonisch. Die Anzahl der Interviewpartnerinnen und Interviewpartner hängt von den erzielten Ergebnissen ab. Die Interviewerinnen und Interviewer sind gehalten, mit der Interviewdurchführung ausreichend relevantes Material zu erheben. Es müssen mehrere Personen befragt werden, um alle benötigten Informationen zu erhalten. Um den genannten Aspekten gerecht zu werden, werden in dieser Studie zwei Expertinnen befragt (Gläser, Laudel 2010: 98ff.).

Zu Beginn der Studie wurde überlegt, ob Frauen, die von Partnergewalt betroffen waren oder sind, befragt werden. Dies ist allerdings nicht mit der Forschungsethik zu vereinbaren. Den Personen, die an einer Studie teilnehmen, darf durch die Teilnahme keine Schädigung zugefügt werden (Gläser, Laudel 2010: 50 zit. Warwick 1982). Dies ist bei von Partnergewalt betroffenen Frauen nicht vorhersehbar. Haben sie beispielsweise die Gewalterfahrung bis zur Studienteilnahme verdrängt, kann diese Gewaltbewältigungsform nicht weitergeführt werden, da der Zyklus der Verdrängung durch das Sprechen über die Gewalt unterbrochen werden würde.

Die Studienteilnehmerinnen und -teilnehmer könnten Schaden dadurch erleiden, dass sie Stress, Angst, Schuld, Zorn und Unwohlsein empfinden und ihr Selbstvertrauen beeinträchtigt würde (Gläser, Laudel 2010: 50f. zit. Warwick 1982). Die betroffenen Frauen könnten sich beispielsweise die Schuld dafür geben, dass sie – aus ihrer Sicht – falsch gehandelt haben.

3.2.4 Vorbereitung, Durchführung und Nachbereitung der Interviews

Der Interviewleitfaden sollte mittels eines Pretest überprüft werden (Berger 2010: 138), um den Datenverlust zu reduzieren, die Datengewinnung zu optimieren (Gläser, Laudel 2010: 107f.) und die benötigte Zeit besser einschätzen zu können. Weitere Effekte eines Pretests sind das Erkennen des Interesses der Befragten am Thema, die Überprüfung bezüglich der Nachvollziehbarkeit und des Anspruchs der Fragen, die eventuelle Reihenfolge der Fragen, etc. (Schnell et al. 2011: 340). In der vorliegenden Studie wird der Leitfaden einem Pretest unterzogen. In diesem wird überprüft, ob die Vorformulierung der Fragen verständlich ist und inwieweit die Fragen daraufhin umformuliert werden müssen.

Die potenziellen Studienteilnehmerinnen und Studienteilnehmer müssen von den Forscherinnen und Forschern über den Ablauf und die Ziele der Studie, über ihre individuelle Partizipation an der Studie und über eventuelle Schädigungen aufgeklärt werden (Gläser, Laudel 2010: 159). Dies wird auch als „[…] informierte Einwilligung […]". (Gläser, Laudel 2010: 159) bezeichnet. Es ist zu beachten, dass durch die informierte Einwilligung keine Beeinflussung potenzieller Interviewpartnerinnen und Interviewpartner erfolgt. Die informierte Einwilligung wird unmittelbar vor der Interviewdurchführung nochmals eingeholt. Ein weiterer Grundsatz ist die Gewährung der Anonymität der Interviewteilnehmerinnen und Interviewteilnehmer (Gläser, Laudel 2010: 159ff.). In dieser Studie werden die Namen der Interviewteilnehmerinnen geändert und Orte werden unkenntlich gemacht.

Die Interviewtermine werden gemeinsam mit den Studienteilnehmerinnen geplant (Gläser, Laudel 2010: 95). Die beiden Interviews wurden in der zweiten und dritten Maiwoche 2014 durchgeführt. Die Datenerhebung der beiden Interviews erfolgte zeitnah, so dass Transkription und Datenauswertung ohne Unterbrechung durchgeführt werden konnten.

Es ist sinnvoll, den Expertinnen und Experten den Interviewleitfaden vor der Interviewdurchführung bereitzustellen, damit sie sich entsprechend auf das Interview vorbereiten können (Wendt 2013: 144). Dieses Angebot lehnten die Interviewpartnerinnen ab, da sie beide der Überzeugung sind, dass sie die Fragen besser und adäquater beantworten können, wenn dies auf situative Weise erfolgt.

Die Interviewpartnerinnen oder Interviewpartner werden um Erlaubnis gefragt, ob das Interview mit einem Tonbandgerät aufgenommen werden darf zum Zwecke der vollständigen Erfassung des Gesagten und einer dementsprechend genauen Auswertung. Auch kann weiter argumentiert werden, dass ein Tonbandgerät ersetzend für eine Mitschrift fungiert und dementsprechend die Konzentration auf die Interviewdurchführung fokussiert ist (Froschauer, Lueger 2003: 68).

Das Interview sollte mit einer gut gewählten Eröffnungsfrage eingeleitet werden. Diese wird allgemein formuliert und hat das Ziel, den Erzählrahmen festzusetzen und das Gesamtthema des Interviews zu kreuzen (Froschauer, Lueger 2003: 69). Die Interviews dieser Studie wurden mit zwei Einführungsfragen eingeleitet. Im Anschluss daran erfolgt die eigentliche Interviewdurchführung.

Es ist essentiell, dass das Interview systematisch beendet wird. Zum Beispiel kann ein Fazit getroffen werden oder es entwickelt sich ein anschließendes Gespräch an das Interview, das von der Interviewerin oder dem Interviewer schriftlich festgehalten wird. Auch ist zu klären, ob ein weiteres Interview zur Vertiefung geführt werden muss und es muss notiert werden, ob Vereinbarungen bezüglich neuer Interviewtermine und Vereinbarungen über das Zurverfügungstellung von Dokumenten bestehen (Froschauer, Lueger 2003: 73). Zum Ende der Interviews wurden die Teilnehmerinnen gefragt, ob sie Informationen oder Ausführungen ergänzen oder hinzufügen möchten. Eine der beiden Interviewteilnehmerinnen hat angeboten, bei Nachfragen ein weiteres Interview anzuschließen – dies war auf Grund der Datenmenge nicht notwendig. Es wurde vereinbart, dass die Ergebnisse der Interviews den Interviewteilnehmerinnen nach Beendigung der Bearbeitungszeit zur Verfügung gestellt werden.

Die Interviewführung des ersten Interviews nahm eine Zeit von circa zwei Stunden in Anspruch – womit die vermutete Zeit überschritten wurde. Dies stellte für die Interviewpartnerin keine Schwierigkeit dar. Das zweite Interview dauerte – wie geplant – anderthalb Stunden.

Nach der Interviewdurchführung sollte ein schriftliches Protokoll angefertigt werden. Inhalt dieses Protokolls sollten sein: Gesprächsdauer, Räumlichkeiten, Besonderheiten, Interviewverlauf und Vor- und Nachgespräche (Froschauer, Lueger 2003: 74). Toprak (2010) bietet ergänzende Informationen an. Er hat in seinem Buch „Integrationsunwillige Muslime" nach seinen qualitativen Interviews Protokolle erstellt, in denen Mimik und Gestik der Befragten festgehalten wurden. Diese Notizen wurden den entsprechenden Textpassagen zugeordnet. Er äußert, dass das Gesagte so besser verstanden werden kann (Toprak 2010: 17). Dies hat die Forscherin aufgegriffen. Innerhalb der Auswertungsphase wurde das Protokoll nicht eingesetzt, weil Gesagtes insoweit verständlich war.

3.3 Datenaufbereitung

Inhalt dieses Unterkapitels sind Transkription und Datenauswertung.

3.3.1 Transkription

Transkription bedeutet im Lateinischen umschreiben und überschreiben. Die Transkription ist die Darstellung der gesprochenen Sprache in Schriftsprache (Dittmar 2009: 52).

Es gibt die Methode, in der lediglich der Inhalt des Gesprochenen wiedergegeben wird. Bei dieser Art von Transkription sind Betonungen und dialektische Ausdrücke ausgeschlossen (Knoblauch 2006: 159). Hingegen gibt es auch Transkriptionsverfahren die sowohl dialektische Ausdrücke, Redepausen als auch Wortbetonungen festhalten (Mayring 2002: 89ff.). Dies wird vorwiegend in Studien geleistet, in denen auch sprachwissenschaftliche Aspekte Beachtung finden (Knoblauch 2006: 159). In dieser wissenschaftlichen Arbeit wird vorerst das akustische Material inhaltlich festgehalten. Dafür wird jedes gesprochene Wort vom Tonbandgerät verschriftlicht. Hierbei werden zwar dialektische Formen berücksichtigt, allerdings werden keine Wortbetonungen und Redepausen markiert. Um eine exakte Wiedergabe zu gewährleisten, werden sowohl dialektische als auch hochdeutsche Ausdrücke vollständig transkribiert.

Wie wird genau vorgegangen? Das vorliegende akustische Datenmaterial wird von den verwendeten Tonbandgeräten auf einen Computer in ein Word-Dokument übertragen. Dies wird von der Forscherin persönlich vorgenommen (Lamnek 1995: 108). Auf dieser Basis ist es der Forscherin besser möglich, das Material auszuwerten, weil sie bereits vertraut mit diesem ist.

Anschließend wird das transkribierte Material mit dem Tonband in Vergleich gesetzt, um Fehler, beispielsweise Hörfehler, zu beheben. An dieser Stelle werden auch Daten, welche die Identität der Interviewten verraten könnten, anonymisiert. Im Anschluss daran ist es notwendig, die Transkripte zu lesen, um weitere Fehler und Undeutlichkeiten zu korrigieren (Lamnek 1995: 108).

Mit der wörtlichen Transkription ist das Transkriptionsverfahren – zumindest in der vorliegenden Studie – noch nicht beendet. Angeschlossen an die wörtliche Transkription erfolgt eine Transkription ins Schriftdeutsch. Das Lesen einer Transkription ins Wortwörtliche ist mühsam. In dieser Studie hat der Inhalt der Interviews die größte Relevanz. Sofern dieses Kriterium erfüllt ist, ist es möglich, die wortwörtliche Transkription ins Schriftdeutsch zu übersetzen. Da in dieser Studie Expertinnen befragt werden, ist es für die Umsetzung geeignet. Wie wird bei dieser Übersetzung vorgegangen? Dialektische Ausdrücke werden entfernt und der Satzbau wird grammatikalisch korrigiert (Mayring 2002: 91).

3.3.2 Datenauswertung

Die vorliegende Studie wird mittels der qualitativen Inhaltsanalyse nach Mayring (2010) ausgewertet. Ziel der qualitativen Inhaltsanalyse ist die systematische Auswertung des Datenmaterials (Mayring 2002: 114). Mayring (2010) beschreibt drei Formen qualitativer Inhaltsanalyse: Zusammenfassung, Explikation und Strukturierung (Mayring 2010: 63ff.). Da in dieser Studie lediglich mit der Zusammenfassung gearbeitet wird, wird im Folgenden auch nur diese beschrieben.

Eine kurze Definition gibt einen Überblick über die Technik der Zusammenfassung.

> „Ziel der Analyse ist es, das Material so zu reduzieren, dass die wesentlichen Inhalte erhalten bleiben, durch Abstraktionen einen überschaubaren Corpus zu schaffen, der immer noch Abbild des Grundmaterials ist." (Mayring 2010: 65)

An Hand dieser Vorgehensweise können fremde Daten ausgewertet und analysiert werden. Das gesamte Material wird insoweit verarbeitet, dass lediglich die Quintessenz weiter Bestand hat (Mayring 2010: 65f.). Wie wird bei der Technik der Zusammenfassung explizit vorgegangen? Vorerst wird überlegt, welches Material Bestandteil der Auswertungen wird. Die Auswahl des Materials hängt mit dem Thema der Studie zusammen. Es wird also nur inhaltstragendes Material verwendet. Nachdem das zu analysierende Material bestimmt ist, wird das übrig gebliebene Material zunächst paraphrasiert (Mayring 2010: 67ff.). Um dies gewährleisten zu können, teilt die Forscherin in dieser Studie den Text in Sinnabschnitte ein.

Die Paraphrasierung erfolgt in mehreren Schritten. Die erste Phase der Paraphrasierung ist dadurch gekennzeichnet, dass alle wenig gewichtigen, konkretisierenden und mehrfachgenannten Textstellen entfernt werden. Die Auswertungseinheiten werden inhaltlich zusammengefasst (Mayring 2010: 68ff.). Das folgende Beispiel aus den Auswertungen der Studie konkretisiert dies. Bei dem folgenden Zitat handelt es sich um die Transkription ins Schriftdeutsch. Dies ist eine Auswertungseinheit.

> „Dass sie überhaupt Gewalt erfahren haben, machen die meisten Frauen, wenn sie hier hinkommen nicht den Täter oder den Männern, den Partnern zum Vorwurf, sondern sich selber." (M. Schuhmacher)

Die folgende Textstelle ist die erste Paraphrasierung: Die Frauen übernehmen die Schuld für die erlebte Gewalt.

Innerhalb der zweiten Phase der Paraphrasierung wird aus der ersten Paraphrasierung ein konsistentes Sprachniveau gebildet. Da die Interviews in Einzelinterviews geführt wurden, sind alle Auswertungseinheiten auf demselben Sprachniveau. Dieser Schritt kann also ausgelassen werden. Die dritte Phase der Paraphrasierung hat das Bilden von grammatikalischen Kurzfassungen zum Inhalt (Mayring 2010: 68ff.). Auch hier wird ein Beispiel aus den Auswertungen der Studie gegeben. Es handelt sich um dieselbe Auswertungseinheit wie bei dem bereits aufgeführten Beispiel: Meisten Frauen übernehmen Schuld für erlebte Gewalt. Hier wird auch gleichzeitig demonstriert, wie die Forscherin bei dieser Phase der Paraphrasierung vorgegangen ist. Sie hat alle Artikel entfernt. Auch wenn es an diesem Beispiel nicht demonstriert werden kann, hat die Forscherin, sofern es möglich war, die Personalpronomina entfernt, um den grammatikalischen Kurzfassungen gerecht zu werden. Ein anderes

Beispiel verdeutlicht dies. Bei der folgenden Textpassage handelt es sich um Paraphrase eins: Du versuchst die Situation zu beherrschen, aber du kannst die Situation nicht beherrschen. Die folgende Textpassage stellt die grammatikalische Kurzform dar: Versuchst Situation zu beherrschen, aber kannst Situation nicht beherrschen.

Nachdem diese Abläufe vollzogen sind, werden die gebildeten grammatikalischen Kurzfassungen generalisiert bzw. verallgemeinert (Mayring 2010: 68ff.) Da Mayring (2010) die Vorgehensweise der Generalisierung äußerst präzise beschreibt, wird dies zitiert.

„Z2: Generalisierung auf das Abstraktionsniveau

Z2.1: Generalisiere die Gegenstände der Paraphrasen auf die definierte Abstraktionsebene, sodass die alten Gegenstände in den neu formulierten impliziert sind!

Z2.2: Generalisiere die Satzaussagen (Prädikate) auf die gleiche Weise!

Z2.3: Belasse die Paraphrasen, die über dem angestrebten Abstraktionsniveau liegen!

Z2.4: Nimm theoretische Vorannahmen bei Zweifelsfällen zu Hilfe!" (Mayring 2010: 70)

Die Forscherinnen und Forscher können also die Ebene der Generalisierung selbst bestimmen – unter Einbezug von theoretischen Entwürfen. Auch für die Generalisierung soll ein Beispiel dienen: Tätern geht es nicht darum, dass Frau seine Erwartungen erfüllt, sondern will eine Situation schaffen, in der er eskalieren kann (grammatikalische Kurzform). Diese wird generalisiert zu „Täter möchten Grund für Eskalation schaffen".

Nach der Generalisierung wird reduziert. Die Durchführung der Reduktion erfolgt durch das Entfernen von Paraphrasen, die inhaltlich die gleiche Aussage haben oder gleich formuliert sind. Auch Paraphrasen, die im Verlauf der Auswertung als irrelevant erachtet werden, können in dieser Phase entfernt werden. Dies erfolgt auch unter der Zuhilfenahme der Theorie. Alle dann bestehenden Paraphrasen bilden die zu verwendende Datenmenge (Mayring 2010: 68ff.).

Diese Datenmenge wird durch die zweite Reduktion zusammengefasst. Textpassagen bzw. Paraphrasen, die eine ähnliche Aussagekraft haben, werden integriert. Paraphrasen, die mehrere Aussagen treffen, werden auf eine Aussage reduziert oder auseinander sondiert. In der dritten Form der zweiten Reduktion werden Paraphrasen mit differentem Inhalt verbunden. Auch hier kann die Theorie zur Hilfe genommen werden (Mayring 2010: 68ff.) Die Endform und damit die Ergebnisse der qualitativen Inhaltsanalyse können in Kapitel vier und fünf nachgelesen werden. Zur Verdeutlichung werden in diese Phase Zitate der Interviewteilnehmerinnen eingebunden.

3.4 Zusammenfassung

In der qualitativen Sozialforschung wird mit Menschen gearbeitet. Um dies adäquat umsetzen zu können, muss intensiv mit den Interviewteilnehmerinnen in ihrer alltäglichen Umgebung kommuniziert werden. Sie müssen ganzheitlich betrachtet werden. Es ist schwierig, empirische Ergebnisse zu verallgemeinern, denn dies muss für jeden Fall einzeln begründet sein. Mittels neuer Ergebnisse kann herausgefunden werden, ob bestehende Theorien erweitert oder widerlegt werden können. Wie kann die Frage aus der Einführung beantwortet werden – wodurch sind Expertinnen gekennzeichnet? Die in dieser Studie interviewten Expertinnen sind Frauenhausmitarbeiterinnen mit langjähriger Erfahrung in der Arbeit mit Partnergewalt betroffener Frauen. Sie besitzen ein ausgeprägtes Fachwissen in Bezug auf beschriebenes Thema und kennen die Gewaltbewältigung dieser Frauen. Sie können ihr Wissen aus der Interaktion mit und den Erzählungen von den betroffenen Frauen ziehen. Die Frauenhausmitarbeiterinnen repräsentieren die Frauen, können an Stelle einzelner Betroffener befragt werden und haben einen leichteren Zugang zu der Zielgruppe. Die Studie ist „klein", weil lediglich mit zwei Studiensubjekten gearbeitet wird. Die Frauenhausmitarbeiterinnen repräsentieren zwar eine Vielzahl betroffener Frauen, allerdings müssten die Ergebnisse nochmals überprüft werden. Auch wenn qualitative Sozialforschung immer mit einer geringen Stichprobengröße arbeitet, sind zwei Fälle zu wenig um die Grundgesamtheit darzustellen. Das erhobene Material gibt einen Einblick in die mögliche Gewaltbewältigung von Partnergewalt betroffener Frauen. Die Interviews werden intensiv vorbereitet. Dafür wird sich beispielsweise mit theoretischen Erkenntnissen (Kapitel 1 und 2) beschäftigt. Zur Datenerhebung wird ein Interviewleitfaden entwickelt. Dies vereinfacht die Nachvollziehbarkeit der Studie. Die Studienteilnehmerinnen werden über die Studienabläufe informiert. Aufbereitet wird das erhobene Datenmaterial mittels der Transkription. Diese wird erweitert ins Schriftdeutsch. Die Auswertung erfolgt nach der qualitativen Inhaltsanalyse nach Mayring (2010). Es wird die Form der Zusammenfassung gewählt.

4 Gewaltbewältigung innerhalb der Partnerschaft

Innerhalb dieses Kapitels werden die empirisch erhobenen Daten präsentiert. Da die Daten mittels Expertinneninterviews erhoben wurden, ist es wichtig, dass alle folgenden Aussagen nicht hingenommen werden und als Aussagen betroffener Frauen charakterisiert werden. Die Ergebnisse ergeben sich aus den Wahrnehmungen der Expertinnen und den Erzählungen, welche sie von betroffenen Frauen erfahren haben. Alle folgenden Argumentationen beruhen auf den Äußerungen der Expertinnen.

Wie gehen Frauen, denen Partnergewalt widerfahren ist, mit der erlebten Gewalt um? Es gibt sowohl aktivere als auch passivere Gewaltbewältigungsformen. Das Einsetzen der Bewältigungsformen sagt viel über die subjektiv empfundene Effektivität der Bewältigung aus. Durch das Wissen um verschiedene Gewaltbewältigungsformen können die Frauen ihre eigenen besser reflektieren. Der Einsatz der Gewaltbewältigung erfolgt nicht unwillkürlich, sondern ist von gewissen Faktoren abhängig. Die Frauen verfolgen mit der Gewaltbewältigung bestimmte Ziele. Was fördert die Gewaltbewältigung und was schränkt sie ein?

4.1 Formen der Gewaltbewältigung

Die Gewaltbewältigung der betroffenen Frauen kann aufgegliedert werden in aktivere und passivere Gewaltbewältigungsformen. Sie ist individuell und nicht verallgemeinerbar. Die Gewaltbewältigung ist nicht konstant, sondern durchläuft Entwicklungen. Je erfolgsloser die Maßnahmen aus Sicht der Frauen sind, desto weniger setzen sie sie ein.

4.1.1 Aktivere Gewaltbewältigung

Die aktivere Gewaltbewältigung wird unterteilt in die problemlösende, reaktive und unterstützende Gewaltbewältigung.

Problemlösende Gewaltbewältigung

Auch die problemlösende Gewaltbewältigung wird nochmals unterteilt. Ihr werden Beziehungsarbeit und Trennung zugeordnet.

Beziehungsarbeit

Die Frauen haben die Möglichkeit, die Gewalt ihrer Partner zu bewältigen, in dem sie Maßnahmen der Verbesserung wählen. Dann bewältigen sie die Gewalt, in dem sie versuchen, das Verhalten ihrer Partner und die Qualität der Partnerschaft zu verbessern und zu verändern. Es ist die Veranlassung der Partner zu einem gewaltfreien Handeln und zu einem liebevollen Umgang mit ihnen. Denn die Frauen kennen ihre Partner sowohl liebevoll als auch gewalttätig. Auch die Beziehung soll insoweit verändert werden, dass sie „durch Gewaltfreiheit geprägt ist". Ein Zitat soll die Ausführungen der Expertin Schuhmacher verdeutlichen.

„Die Frauen haben ganz oft – in den Zeiten, bevor sie zu uns kommen – ja auch noch neben all der Angst, auch immer noch die Hoffnung, dass es auch wieder gut wird in dieser Beziehung." (M. Schuhmacher)

Die zweite Interviewpartnerin legt den Schwerpunkt dieser Art von Bewältigung auf andere Aspekte. Ihrer Ansicht nach ist Beziehungsarbeit das Erfüllen von Anforderungen, weil die Frauen diese Forderungen als Zuneigung deklarieren. Durch die positiven Gefühle der Frauen zu ihren Partnern sei es für die Männer problemloser, sie in Abhängigkeit zu führen. Zu Beginn der Beziehung nähmen die Frauen an, die Kontrollmaßnahmen der Männer beruhten auf Zuneigung. Im Laufe der Beziehung steigere sich die Erwartungshaltung der Männer. Sie dürften sich z. B. nicht mehr mit ihren Freundinnen treffen und keine Unterhaltungen mit anderen Männern führen, vergleiche zu nähren Informationen Kapitel 1.3.5 (soziale Gewalt). Frauen empfänden Verantwortung für den erfolgreichen Verlauf der Partnerschaft und für das Wohlbefinden ihrer Partner. Mit diesen beiden unterschiedlichen Akzentuierungen wird illustriert, dass die Bewältigung der Gewalt durch Beziehungsarbeit auf verschiedene Arten erfolgen kann. Hier wird sichtbar, dass es zum einen Versuche gibt, die Beziehung und das Verhalten des Partners zu verändern und zu verbessern und zum anderen Versuche, sich den Forderungen der Partner zu fügen, um dem Wohl der Partner gerecht zu werden. Auch nach einer etwaigen Trennung haben die Frauen weiter die Hoffnung, dass sich ihre Partner ändern. Allerdings sollten die Frauen die Trennung akzeptieren und verstehen, dass eine Veränderung der Partner aussichtslos ist.

Trennung

Wodurch ist das Beenden von Gewaltbeziehungen geprägt? Nach den Erfahrungen von Mölders ist es schwierig für die Frauen, die Gewaltbeziehung zu beenden. Die andere Interviewpartnerin hat dies ähnlich wahrgenommen.

> „Das ist so ein riesiger Schritt. Das muss man sich auch erstmal bewusst machen, was das bedeutet. Man lebt mit einem Menschen zusammen, den man immer noch liebt und mit dem man noch viel Hoffnung verbindet und man hat nur die einzige Chance wegzugehen, in dem man eine Tasche packt und weggeht und auch alles zurücklässt, ob das nun Erinnerungsstücke sind, das Lieblingskleid oder die schöne Küche, die man sich gerade vielleicht mühsam zusammengespart hat." (M. Schuhmacher)

Die Aussichten nach einer Trennung sind nicht vorhersehbar. Durch eine Trennung verändern die Frauen ihre bestehende Lebenssituation. Auch wenn Trennungsstrategien eine geeignete Bewältigung darstellen können, kann der Vollzug der Trennung dauern. Der Trennungszeitpunkt und der Vollzug der Trennung sind sehr individuell. Die Phase der Trennung kann geprägt sein von einer Intensivierung der Gewaltausübung der Täter. In so einem Fall stellt die Trennungsphase eine gefährlichere Phase dar als die Beziehung zu ihrem Bestand.

Die divergenten Trennungsgründe und demnach die Grenzen der Frauen, die die Interviewpartnerinnen von den Frauen erfahren haben, werden nachfolgend beschrieben.

Die Frauen trennen sich auf Grund einer sie überfordernden Situation. Dies können – von außen betrachtet – nebensächliche oder triviale Gründe sein. Es haben sich nicht unbedingt akute Gewalthandlungen ereignet. Es besteht ein gewisser Faktor, an welchem Frauen festmachen, dass sie die Beziehung beenden werden. Das folgende Beispiel konkretisiert dies.

> „Ich habe aber auch eine Frau, da war der Anlass ein völlig banaler Grund, von außen betrachtet. Es war keine akute Gewaltsituation, sondern er hat zum gefühlten 2000sendsten Mal gesagt, du bist so eine Schlampe. Das hat sie schon ganz oft gehört, ganz oft auch gepaart mit Gewalt. Also wo es dieses eine Mal zu viel war. Da denkt man von außen, mein Gott, der hat sie so oft und so brutal zusammengeschlagen und sie ist nicht gegangen. Da war es dann quasi nur dieser eine Begriff, wo sie dann sagte, so jetzt kann ich nicht mehr, jetzt gehe ich." (M. Schuhmacher).

Die Expertin Mölders nennt für die konkrete Beschreibung des erklärten Trennungsgrundes auch ein Beispiel. „Es sind kleine Auslöser, Erfahrungen, Feste oder ein Streit." Dieser Trennungsgrund treffe auf Frauen zu, denen bereits seit einigen Jahren in ihrer Beziehung Gewalt widerfahre.

Ein weiterer Trennungsgrund seien auftretende Spannungen, bei denen die Frauen wissen, dass sie zur wiederholten Gewaltausübung ihrer Partner führen werden. Sie beabsichtigen nicht erneut Opfer der Gewaltattacken ihrer Partner zu werden und auf Grund dessen trennen sie sich. Es kann auch eine Situation bestehen, welche in ähnlicher Weise bereits vorlag. Die Betroffenen können bevorstehende Gewalt intuitiv identifizieren. Sie verfügen über die Kenntnis des Zusammenhangs zwischen der Gewaltausübung ihrer Partner und der sie beeinflussenden Faktoren. Die Frauen haben eventuell vor dem Spannungsaufbau die Trennung für sich thematisiert. In dieser Phase haben die Frauen noch die Möglichkeit, ihre Trennung zu planen.

> „Ich habe dann noch die Möglichkeit sichererer und bewusster rauszukommen, also nicht in der Nacht- und Nebelaktion, sondern vielleicht wenn er das Haus verlassen hat. Es gibt Frauen, die anrufen und sagen, dann hat er einen Termin, ich habe das Geld um zu fahren, wenn sie von weiter herkommen oder er ist am Wochenende bei irgendeiner Festivität. Dann habe ich die Möglichkeit, die Sachen zu packen, Papiere und Kinder mitzunehmen und zu gehen." (H. Mölders).

Dieses Zitat beschreibt Beispiele, wie Frauen ihre Trennung planen. Auch dieser Trennungsgrund treffe auf Frauen zu, welche langjährige Gewaltbeziehungen führen.

Frauen beenden ihre Beziehung, wenn sie keine Hoffnung mehr auf Verbesserungen oder Veränderungen der Beziehung bzw. Partner haben. Das folgende Bespiel lässt eine Erklärung dafür erkennen.

> „[...] Anlass war für diese Frau, dass er nicht mehr mit ihr spricht, gar nicht so sehr diese körperliche Gewalt, aber er gibt ihr keine Möglichkeiten mehr, etwas zu verändern, weil er ihr nur Zettel hinschiebt." (M. Schumacher)

Zusammengefasst bedeutet das, dass diese Frau durch die Einstellung der verbalen Kommunikation die Partnerschaft nicht mehr verbessern kann. An dieser Stelle kann angemerkt werden, dass die bisherige Gewaltbewältigung dieser Frau nicht mehr wirkt.

Frauen können eine Trennung vollziehen wenn sie Todesangst empfinden oder sich der Grad der Gewaltausübung steigert. Das folgende Beispiel demonstriert dies.

> „Ein Auslöser kann auch sein, dass die Formen der Gewalt plötzlich kippen. Der Partner hat bisher ausschließlich geschlagen und plötzlich fängt er an mit Messern zu hantieren oder zu würgen. Es ist eine ganz andere Gewaltsituation, ob jemand zuschlägt oder mit Gegenständen schmeißt oder ob er sehr nah vor

der Partnerin steht und würgt, da ist es zum Sterben nur ein kleiner Schritt, 30 Sekunden weiterzudrücken und man ist tot. Das hat eine andere Qualität der Gewaltausübung. Das nehmen die Frauen auch schon durchaus so wahr und nehmen dann die Todesangst, die sie dabei haben, als Grund sich zu trennen [...]." (M. Schumacher)

Hier wird sichtbar, welche Ausmaße Partnergewalt annehmen kann und wie die Frauen dabei empfinden. Im Verlauf der Partnerschaft potenziert sich die Gewalt und sie nimmt in ihrer Regelmäßigkeit zu. Haben die Frauen verschiedene Trennungsansätze praktiziert, steigert sich die Intensität der Gewalt, weil die Männer die Lernerfahrung erlangen konnten, dass ihre Partnerinnen die Trennung nicht vollenden.

Es besteht die Wahrscheinlichkeit, dass die Frauen in einer akuten Gewaltsituation die Trennung vollziehen. Dann können sie von der Polizei in ein Frauenhaus gebracht werden. Schuhmacher geht näher darauf ein, indem sie äußert, dass bei Einschreiten der Polizei der Trennungsgrund fremdbestimmt sei. Die Trennungsentscheidung könne sich allerdings während des Frauenhausaufenthaltes bilden.

Es kann einen Trennungsgrund darstellen, wenn Kinder in die Gewalt involviert sind. Die Frauen verfolgen das Ziel der Verhinderung der alltäglichen Konfrontation mit Gewalt der Kinder. Sie versuchen zu verhindern, dass die Kinder die Gewalt als normal einstufen. Wenn Kinder Gewalt im familiären Kontext erleben, haben die Frauen die Befürchtung, dass ihre Söhne das Verhalten des Vaters als Modell nutzen. Die Entscheidung zu einer Trennung von ihren Partnern kann auch erfolgen, wenn die Kinder widersprüchliches Verhalten in Bezug auf ihre Mutter aufbauen. In der folgenden Aussage von H. Mölders wird deutlich, auf welche Weise Kinder sich gegen ihre Mutter richten.

„[…] sie erleben einfach, dass die Kinder, dieses Werturteil, das der Mann vielleicht von der Frau hat, übernehmen. Das sie plötzlich auch von ihren Kindern angefeindet wird oder dass die Kinder sagen, wenn der Vater nicht da ist, wenn du das nicht machst, dann sag ich das dem Papa und dann haut der dich wieder. Wenn also die Kinder die Mutter erpressen."

Das Verhalten der Kinder reflektiert den Frauen ihre Situation.

Externe Rahmenbedingungen können auch die Gründe für eine Trennung darstellen. Aus den nachfolgenden Beispielen kann abgelesen werden, was damit gemeint ist.

„Das kann ein Feiertag gewesen sein, vielleicht Weihnachten oder Ostern, wo man länger zusammen ist und wo Zeit ist, Gewalt auszuüben, wenn die Männer berufstätig sind. Gewalt und Stress werden oft ausgeübt, wenn man viel und lange zusammen ist, siehe Ferien oder Urlaub, wo Menschen nicht mehr ihr normales Raster haben, Arbeit, Kindergarten, Schule und so weiter, sondern wo man aufeinander hängt und wo man dann zwangsmäßig als Paar oder als Familie zusammen ist. Die Angst davor, was wird werden." (H. Mölders)

Die Frauen haben die Befürchtung, dass sich die Gewalt steigert, wenn äußere Umstände dies ermöglichen.

Aus welchen Gründen erdulden die betroffenen Frauen die Gewalt ihrer Partner nach den Wahrnehmungen der befragten Expertinnen?

Die Trennung von den gewalttätigen Partnern wird von den Frauen nicht vollzogen, weil sie damit gleichzeitig die Liebesbeziehung beenden würden. Das ist auch die primäre Ursache für das Festhalten an der Gewaltbeziehung nach den Erfahrungen der Expertinnen. Die Partnerschaft gehe mit Assoziationen von Hoffnungen und Träumen einher. Frauen verbänden positive Werte mit der Partnerschaft, wie Intimität und Zuwendung.

„Beziehung bedeutet trotzdem auch Nähe, Vertrautheit und Zuwendung, auch wenn die Zuwendung nur in Form von negativer Zuwendung kommt. Das ist aber eine Form von Zuwendung." (H. Mölders)

Aus dieser Aussage lässt sich schließen, dass Frauen Zuwendung in einer Partnerschaft erhalten, wenn auch lediglich in Form von Gewalt. Die Gewalt ist nicht seit Beginn Bestandteil der Partnerschaft, sondern sie entwickelt sich.

Die Partner der betroffenen Frauen sind nicht fortwährend gewalttätig, sondern haben auch liebenswerte Charakterzüge. Im Anschluss an die Gewalthandlungen verhalten sich die Männer in Bezug auf ihre Partnerinnen reuevoll. Die Frauen haben also aus diesen und ähnlichen Motiven die Erwartung, dass die Partnerschaft sich insoweit verändert, dass sie überwiegend positive Verhaltensweisen der Partner beinhaltet. Neben dem reuevollem Verhalten versprechen die Männer eine Gewaltbeendigung. Aber dieses Verhalten erstreckt sich nur über einen kurzen Zeitraum. Es erfolgt ein Wechsel zwischen Gewalt und den positiven Charakterzügen der Partner. Wenn sich die Situation stetig verändert, sind die Frauen der Überzeugung, dass die Partner die Gewaltausübung gegen sie einstellen werden.

Die Frauen schämen sich für die erlebte Gewalt. Aus diesem Grund führen sie keine Gespräche mit Personen aus ihrem sozialen Umfeld über die erlebte Gewalt oder limitieren die Kontakte zu ihnen, weil sie keine Ausreden für ihre Verletzungen erfinden möchten. Aus diesen Erkenntnissen lässt sich zwar nicht unbedingt ein Grund für das Festhalten an der Gewaltbeziehung erkennen, aber durch die Bewältigung der Gespräche über Gewalt können die Frauen ihr eigenes Unwohlsein besser wahrnehmen und Trennungsentscheidungen können gebildet werden. Das Sprechen über Gewalt stellt also eine positive Bewältigung dar. Allerdings scheidet diese Art der Bewältigung aus, wenn die Frauen ihre Kontakte begrenzen.

Frauen beenden ihre Gewaltbeziehung nicht, weil sie die Befürchtung haben, dass sie mit der alleinigen Erziehung ihrer Kinder überfordert seien. Allerdings waren die Frauen auch vor der Trennung für die Erziehung der Kinder allein verantwortlich. Die Frauen sagen [...] wie soll ich klar kommen, obwohl sie vorher - im Ehealltag oder im Familienalltag – das mit den Kindern meistens alles alleine geregelt haben. Aber jetzt wo dieser Partner oder wer auch immer nicht mehr da ist, haben sie die Angst, dass sie es nicht schaffen." (H. Mölders) Frauen, welche in ein Frauenhaus gehen, hätten Angst vor dem Alleine-Sein auf Grund dessen, dass sie bisher ausschließlich mit anderen Personen zusammengelebt haben.

Die gewalttätigen Partner veranlassen eine Abhängigkeit ihrer Partnerinnen von ihnen. Dies erfolgt durch psychische, körperliche und ökonomische Gewalt. Das folgende Beispiel veranschaulicht die Vorgehensweise der Männer.

„Also der Mann ist im Grunde auch der Herrscher über das Geld. Geld ist auch ein sehr wichtiges Machtpotenzial. Die Frauen bekommen kein Geld und müssen sich auch freundlich verhalten, um dann irgendetwas für sich und ihre Kinder zu bekommen. Das ist immer so. Wenn du das nicht machst, dann bekommst du das nicht." (H. Mölders)

Für nähere Informationen zu den verschiedenen Formen der Gewalt vergleiche Kapitel 1.3. Betroffene Frauen haben Angst vor materieller Not. Die Frauen haben auch, sofern sie eine Trennung in Erwägung ziehen, kaum Vorstellungen davon, an welchen Ort sie mit ihren Kindern flüchten könnten. Die Frauenhausarbeit ist sehr unbekannt.

Frauen würden im Falle einer Trennungserwägung Vorwürfe durch die eigene Familie erfahren. Beispielsweise ist die Familie der Überzeugung, dass es angebrachter wäre, wenn Väter und Kinder nicht getrennt werden würden. Die Frauen werden in ihren Ansichten beeinflusst.

Reaktive Gewaltbewältigung

Die reaktive Gewaltbewältigung wird eingeteilt in Dominanz und Wehr, Einschließen und Flucht.

Dominanz und Wehr

Betroffene Frauen bewältigen die Gewalt ihrer Partner, in dem sie aggressiv und dominant anderen Personen gegenüber reagieren. Aus dem unten stehendem Zitat von der Expertin Mölders werden die Gründe dafür deutlich.

„Es gibt natürlich auch Frauen, die auf Grund dieser Erfahrung selber sehr dominant und sehr hart werden, weil sie erlebt haben das, wenn sie sich wehren, auch zum Teil verbal oder wenn sie sich stark machen, ihnen weniger passieren kann."

Dominanz ist für die Frauen also ein Schutzmechanismus gegen Gewalt. Wenige Frauen hingegen üben als Reaktion auf den Stress, welcher durch die Gewalt ausgelöst wird, Gewalt gegen ihre Kinder aus.

Das Wehren kann eine weitere Gewaltbewältigung von Frauen, die von Partnergewalt betroffen sind, sein. Die wenigsten Frauen setzen sich jedoch gegen ihre Partner zur Wehr oder üben selber Gewalttaten gegen sie aus. Die Wehr der Frauen gegen die Gewalthandlungen ihrer Partner ist eine Rechtfertigung und Relativierung für die weitere Gewaltausübung der Partner. Das folgende Zitat von Schuhmacher macht dies deutlicher.

„Es gibt Frauen, die sagen und ich habe ja auch zurückgeschlagen. Aber nicht im Sinne von, ich habe mich gewehrt, sondern im Sinne von ich hab ja auch zurückgeschlagen, deswegen war es schon irgendwie okay, dass er weiter geschlagen hat. Sie übernehmen also dann trotzdem wieder die eigene Verantwortung für die Gewalt, die er angefangen hat. Ich habe mich ja auch gewehrt und das relativiert dann seinen Gewaltausbruch".

In der Trennungsphase kann es vorkommen, dass sich die Frauen gegen die Gewalthandlungen ihrer Partner wehren. Sie können es als positive Bewältigung wahrnehmen. Die zweite Expertin konnte andere Aspekte der Wehr der Frauen gegen ihre Partner vernehmen. Das Ziel der Frauen sei die Gewaltabwendung der Männer und die Begrenzung der Verletzungsfolgen. Das Wehren würde sich in Form von körperlicher Wehr und dem Werfen von Gegenständen ereignen. Andere Frauen setzten ihren Partnern Grenzen. Allerdings bestehe die Problematik beim Wehren der Frauen dabei, dass in der Mehrzahl der Fälle die Männer über mehr Kraft verfügen. Die Frauen haben dann keine Möglichkeit, sich zu wehren.

Es gäbe noch die Möglichkeit, einen Selbstverteidigungskurs zu besuchen. In den meisten Selbstverteidigungskursen kann geübt werden, sich gegen Gewalt im öffentlichen Raum zu wehren. In den wenigsten Kursen können Frauen jedoch lernen, gegen Partnergewalt zu wirken. Durch das Besuchen eines Selbstverteidigungskurses oder durch das Aufbauen von körperlicher Stärke hätten die Frauen die Möglichkeit zu verhindern, dass sie auf Grund der größeren Kraft der Männer zum Gewaltopfer werden.

Einschließen

Auch kommt es vor, dass Frauen sich einschließen. Wo die Frauen sich einschließen und welche Maßnahmen sie daraufhin ergreifen, ist von den vorhandenen Möglichkeiten abhängig.

„Das habe ich auch schon mal gehört, dass Frauen sich versuchen ins Badezimmer oder Kinderzimmer einzuschließen, wenn sie Glück haben, das Handy dabei haben und versuchen eine Freundin oder die Polizei anzurufen […]." (M. Schuhmacher).

Frauen schließen sich während der Gewalthandlungen zum Schutz ein und andere Frauen schließen sich nach den Gewalthandlungen ein.

Flucht

Bei Möglichkeit flüchten betroffene Frauen vor der Gewalt ihrer Partner. Motive für das Flüchten seien die eigene Todesangst oder Angst um die Kinder. Ein Beispiel soll dies konkretisieren.

„Der Vater hat das gemeinsame Kind ins Kinderzimmer weggesperrt und gesagt, so jetzt beschäftige ich mich mit dir. Das Kind saß im dunklen Kinderzimmer, es war kein Licht an, es hat furchtbar geschrien und sie konnte ins Treppenhaus rennen und hat ganz laut geschrien, so dass dann auch eine Nachbarin die Polizei gerufen hat. […]. Und dann kam die Polizei und über diesen Umweg ist sie zu uns ins Frauenhaus gekommen. Sie sagte aber auch, dass hätte ich vielleicht gar nicht gekonnt, wenn es nur um mich gegangen wäre. Aber sie konnte es, weil er das Kind ins dunkle Zimmer gesperrt hat. Das hat ihr in dem Moment einen Impuls gegeben zu flüchten. Wenn das Kind in der Kita gewesen wäre, hätte sie das wahrscheinlich nicht gemacht." (M. Schuhmacher).

Hier wird deutlich, warum und wohin die Frau flüchtete.

Unterstützende Gewaltbewältigung

Die unterstützende Gewaltbewältigung wird differenziert in Hilfesuchen und Aufsuchen von Institutionen sowie Verbündung und Gespräche über Gewalt.

Hilfesuchen und Aufsuchen von Institutionen

Laut den Aussagen der Expertin Schuhmacher greifen Frauen, die lange mit ihren gewalttätigen Partnern liiert sind, zu Instrumenten des Hilfesuchens. Expertin Mölders hat hingegen wahrgenommen, dass die wenigsten Frauen nach Hilfe von außen suchen. Wenige Frauen besuchen bei Betroffenheit von Partnergewalt eine Beratungsstelle auf, um sich über existente Optionen zu informieren. Das folgende Zitat beschreibt die Gründe dafür.

> „Ich denke, die Beratungsstelle ist für viele Frauen der letzte Schritt, weil Beratung oder Therapie bei uns etwas ist [...] was zum krank sein gehört und krank wollen wir alle nicht sein." (H. Mölders)

Beratung und Therapie sollten auf Grund dessen gesellschaftlich etabliert werden, damit die Hemmschwelle begrenzt wird. Trotz der geringen Beanspruchung von Unterstützung suchen dennoch Frauen, wenn sie von ihren Partner wirtschaftlich abhängig sind, eine Beratungsstelle auf, um sich über ihre wirtschaftlichen Möglichkeiten unterrichten zu lassen. Dabei werden sie von Freundinnen, Bekannten oder einer Anwältin oder eines Anwalts unterstützt. Es lässt sich eruieren, dass nicht eindeutig festzustellen ist, wie viele Frauen Hilfe in Anspruch nehmen.

Verbündung und Gespräche über Gewalt

Betroffene Frauen haben die Möglichkeit sich mit Frauen, denen ähnliche Erlebnisse widerfahren sind, zu solidarisieren. Der Großteil der Frauen greife aber nicht auf diese Art von Bewältigung zurück. Sie führen Gespräche mit anderen Menschen über die ihnen erlebte Partnergewalt erst, wenn Gewalt bereits seit geraumer Zeit Bestandteil der Partnerschaft ist. Die Möglichkeit der Gesprächsführung kann sich in verschiedenen Kontexten bieten.

> „Vielleicht haben die Frauen früher gearbeitet und haben Kollegen getroffen, die sagen, du bist jetzt so ruhig oder so anders geworden. Durch diesen Spiegel oder durch das eigene Erzählen wird ihnen klar, mir geht es nicht gut." (H. Mölders)

Frauen können durch die regelmäßige Thematisierung ihrer persönlichen Gewalterfahrung zu der Erkenntnis gelangen, dass eine Änderung ihrer Lebenssituation sinnvoll ist, damit der Zustand ihres Wohlbefindens aufgewertet wird. Es lässt sich demzufolge festhalten, dass Gespräche über Gewalt eine positive Bewältigung darstellen können. Frauenhausmitarbeiterinnen erleben regelmäßig, dass Frauen diese Form der Bewältigung nicht wählen. Sie führen keine Gespräche mit anderen Menschen über die ihnen widerfahrene Gewalt, weil sie die Vermutung haben, dass diese Menschen dann ihren Partner auf seine Gewalthandlungen ansprechen und dass sie dafür in Form von gesteigerter Gewalt bestraft werden. Betroffene Frauen sind wenig selbstbewusst und sprechen auf Grund dessen nicht über die ihnen widerfahrene Gewalt.

„Wenn du in dieser Situation bist und du lebst in einer Beziehung, wo du körperlich und seelisch fertig gemacht wirst, kann ich mir schlecht vorstellen, dass ich dann in der Situation sage, so jetzt geh ich ganz groß und stark durchs Leben und zeig mal den anderen meine Geschichte." (H. Mölders)

Es ist von der Situation und der Persönlichkeit der Frauen abhängig, ob Gespräche über die erlebte Gewalt mit anderen Menschen geführt werden.

4.1.2 Passivere Gewaltbewältigung

Die passivere Gewaltbewältigung wird gegliedert in psychische Gewaltbewältigung, Verdrängung, vermeidende Gewaltbewältigung und Ertragen.

Psychische Gewaltbewältigung

Inhalte der psychischen Gewaltbewältigung sind Relativierung der Gewalt und Entschuldigungen für Gewalt.

Relativierung der Gewalt

Betroffene Frauen relativieren und verharmlosen die Gewalt, die ihre Partner gegen sie ausüben. Die erlebte Gewalt wird nach der Definition der Frauen nicht als Gewalt eingestuft und stellt keine Grenzüberschreitung dar. Beispielsweise titulieren sie eine Ohrfeige nicht als Gewalt. Kleinere Gewalthandlungen, welche geringeren Schaden verursachen, stellen für die Betroffenen keine Gewalt dar, sondern lediglich Gewalthandlungen, welche größere Verletzungen zur Folge haben. Dieser veränderte Gewaltbegriff hat sich im Verlauf der Gewaltbeziehung gebildet. Die Betroffenen haben keine Wahrnehmungen mehr für Gewalt und die Verwerflichkeit dieser, weil diese Bestandteil ihres Alltags ist. An Hand dessen wird deutlich, in welchem Maße diese Frauen Gewalterfahrungen erworben haben. Die Definition von Gewalt modifiziert sich, weil die Partner ihre Gewalthandlungen steigern. Es gibt auch Frauen, die unterscheiden zwischen der Gewalt von Fremdtätern und der Gewalt, die von den eigenen Partnern ausgeht. Dies wird in der nachfolgenden Aussage von Schuhmacher deutlicher.

„Es gibt auch Frauen für die ist es etwas komplett anderes was der Ehemann macht und was der Fremdtäter im Stadtpark macht. Also wenn ein fremder Mann sie schlägt, wäre sofort klar, Anzeige und der eigene Mann, der ist ja mein Mann. […]. Männer dürfen das, Ehemänner."

Diese Frauen sind der Ansicht, dass Partnergewalt gerechtfertigt sei. Haben Frauen in ihrer Kindheit Gewalterfahrungen in ihrem sozialem Umfeld errungen, dann ist die Relativierung von Gewalt für sie ein gängiger Prozess. Sie können aus subjektiver Sicht, die Umstände nicht verändern.

Entschuldigungen für Gewalt

Die Betroffenen finden Entschuldigungen für das gewalttätige Verhalten ihrer Partner. Ursachen der Gewalt suchen die Frauen bei sich selber und geben sich dann dementsprechend die Schuld dafür. Sie stellen Überlegungen an bezüglich ihres eigenen Verhaltens. Haben sie in einer bestimmten Situation nicht angemessen agiert? Haben sie ihre Partner bei ihren Aktivitäten gestört? Das sind Fragen, die sich die Frauen stellen, wenn sie überlegen, mit welchen Faktoren die Gewalt zusammenhängen könnte. Auch suchen die Frauen die Ursachen und die Schuld für die Gewalt bei ihren Kindern. Sie sind stets anwesend, stellen zahlreiche Forderungen und sind Störmechanismen, weil sie beispielsweise nicht aufräumen. Darüber hinaus suchen die Frauen die Ursachen für die Gewalt im sozialen Umfeld ihrer Partner. Ursachen für die Gewalt sind dann beispielsweise der stressige Arbeitsplatz oder die anstrengende Mutter des Mannes. Neben diesen Beispielen suchen die Frauen auch die Schuld für die Gewalt im Alkoholkonsum der Partner. Männer unterstützen diese Form der Bewältigung, in dem sie ihren Partnerinnen Erklärungen für ihre Gewalt geben, die ähnlich sind, wie die Gründe, die die Frauen für die Gewalt ihrer Partner haben. Menschen haben das Bedürfnis, die Gründe für Gewalt zu erforschen. Allerdings existieren nur subjektive Gründe für ihre Gewaltanwendungen. Ursachen können die Gewalthandlungen der Männer allerdings haben. Beispielsweise können die Gewaltanwendungen der Männer als Stressbewältigung fungieren. Die Erwartungen an ihre Partnerinnen setzen die Männer so hoch, dass die Frauen ihnen nicht entsprechen können. Die Männer stufen diese aber als erreichbar ein. Wird den Erwartungen der Männer nicht entsprochen, wird den Frauen die Schuld dafür gegeben. Sämtliche Handlungen der Frauen werden von ihren Partnern so ausgelegt, dass sie aus der Wahrnehmung der Männer nicht erfüllt sind. Die Erklärungen bezüglich der Denkweise der Täter werden in nachfolgendem Beispiel deutlicher.

„Aber er gibt seiner Frau – ich weiß es jetzt nicht, aber es ist manchmal keine Übertreibung – zehn Euro für die Woche für Lebensmittel und erwartet dann trotzdem jeden Tag ein großes Stück Fleisch. Das ist natürlich nicht möglich, aber es wird trotzdem der Frau angekreidet. Warum hast du mir nicht das und das gekocht? Und wenn sie sagt, du gibst mir kein Geld, dann kommt eventuell wieder die Äußerung, du gibst das immer für Sachen aus […]." (H. Mölders) Täter schaffen Gründe für die Eskalation, um Gewalt ausüben zu können. Werden die Erwartungen der Männer erfüllt, ist dies für sie nicht genug. Auch hierfür gibt es ein treffendes Beispiel.

„Zum Beispiel haben mir Frauen erzählt, dass er sagt ich will heute das und das essen, mach das, sie kocht das und dann fliegt der Topf vom Herd, weil sie genau das gemacht hat. Also dieser Typ Mann äußert Erwartungen, die Frau hechelt denen hinterher, erfüllt sie und es reicht trotzdem nicht." (M. Schuhmacher)

Verdrängung

Die Betroffenen verdrängen die erlebte Gewalt und ihre Auslöser, um ihr Überleben, den Schutz der Kinder und die Bewältigung der alltäglichen Aufgaben gewährleisten zu können. Die Gewalt und die Folgen der Gewalt werden von den Frauen insoweit kaschiert, dass sie selber der Überzeugung sind, dass sie keine Gewaltopfer ihrer eigenen Partner sind. Sie verdecken beispielsweise die Verletzungsfolgen, indem sie sie überschminken, bedecken oder das Haus nicht verlassen. Auch üben die Männer nicht unbedingt die Gewalt so aus, dass sie für andere Menschen sichtbar ist. Auf Grund von Scham oder Handlungsunfähigkeit erschaffen sie andere Begründungen für die sichtbaren Spuren der Gewalt – für Außenstehende und sich selbst. Die Frauen vermitteln Außenstehenden ein vorgetäuschtes Wohlbefinden. Gewählt wird diese Form der Bewältigung infolge von Handlungsunfähigkeit und dem Fehlen von Alternativen. Ein weiterer Grund für das Verbergen von Verletzungsfolgen ist die Schutzgewährung und Verteidigung der Partner vor Außenstehenden, „ […] dadurch, dass man vielleicht blaue Flecken verbirgt oder auch andere Begründungen für sichtbare Verletzungen angibt […], dass man dann vielleicht auch mal einen Tag nicht das Kind zum Kindergarten bringt, weil man selber noch so furchtbar aussieht und die Diskussion nicht will. Man schützt sich selber, aber letztendlich auch den Partner, der die Gewalt ausgeübt hat." (M. Schuhmacher) Der Vollzug dieser Bewältigung ist für die Frauen sehr belastend, weil sie anderen Menschen das Gegenteil von dem, was sie empfinden, präsentieren.

Vermeidende Gewaltbewältigung

Einerseits wird beschrieben, was vermeidende Gewaltbewältigung ist und andererseits werden zwei spezifische Formen der vermeidenden Gewaltbewältigung beschrieben.

Vermeidung

Frauen schaffen Mechanismen zur Vermeidung von Gewalt. Die Frauen räumen beispielsweise bevor die Partner von der Arbeit nach Hause kommen die Wohnung auf und beschäftigen die Kinder, damit sie nicht laut sind oder sie machen mit den Kindern einen Ausflug, wenn sie Anzeichen von Gewalttensionen vernehmen. Sie treffen jegliche Art von Vorbereitung, damit ihre Partner – aus ihrer Sicht – keine Gründe für Gewalt aufbringen können.

Auch wenn die Frauen versuchen, die Gewalt zu vermeiden und versuchen die Kontrolle über die Situation zu haben, können sie letztendlich die Gewalt nicht vermeiden und die Situation nicht kontrollieren. Die Frauen kennen nicht die Gründe für die Gewaltausübung, auch wenn sie subjektive Kontrolle erkennen. Sie verfügen nicht über die Kenntnis der Gewaltursachen. Sie haben nicht die Information „[…] was jetzt diese Gewaltattacke des Mannes ausgelöst hat, weil sich auch diese Regeln ständig ändern, weshalb Partner zuschlagen." (M. Schuhmacher) In dem Abschnitt „Entschuldigungen für Gewalt" wurde erläutert, dass Männer Gründe für ihre Gewaltverrichtung schaffen. Die Frauen können den Erwartungen ihrer Partner dementsprechend nicht gerecht werden. Sie können nicht beeinflussen, ob die Männer die Gewalthandlungen einstellen. Zum Beispiel üben sie die Gewalt weiter aus, wenn die Frauen weinen, aber es kann auch sein, dass wenn sie nicht weinen, die Gewalt weiter ausgeführt wird. Die Frauen können dies nicht erahnen. Die Frauen können sich nicht vor der Gewaltausübung ihrer Partner schützen.

Frauen versuchen die Angst vor ihren Partnern und die Angst vor erneuter Gewalt zu vermeiden und signalisieren dies durch ihre eigene Körperhaltung. Es ist ein hoher Kraftaufwand für die Frauen, wenn sie in ihren eigenen Räumlichkeiten Angst vor ihrem Partner haben müssen.

Unscheinbarkeit

Von Gewalt betroffene Frauen schaffen einen Zusammenhang zwischen Unscheinbarkeit und verminderter Wahrnehmung der Partner. Sie denken, dass ihnen kein Angriff widerfahren würde, wenn sie nicht wahrgenommen werden. Die Frauen haben die Erfahrung gemacht, dass sich die Aggressivität ihrer Partner steigert, wenn sie während der Gewaltausübung weinen, ihren Partnern widersprechen und die

Lautstärke ihrer Stimme erhöhen. Auf Grund der negativen Erfahrung mit diesen Formen der Bewältigung gebrauchen sie die Gewaltbewältigung der Unscheinbarkeit. Allerdings hat diese Form der Gewaltbewältigung den Nachteil, dass das Ziel verfehlt werden könnte. Die Unscheinbarkeit und die damit einhergehende Kraftlosigkeit der Frauen, können dazu führen, dass sie den Partnern die Gewaltangriffe erleichtern. In folgendem Zitat wird dies veranschaulicht.

> „Sie ziehen sich zum Beispiel wie ein Hund mit eingezogenem Schwanz in die Ecke zurück. Aber leider ist es auch so, wenn du mit eigezogenem Schwanz irgendwo stehst, bist du noch angreifbarer. Aber du denkst nämlich, wenn ich mich ganz klein mache, sieht mich keiner und dann tut mir keiner etwas. Und dann kommen die anderen Hunde und zeigen, der macht sich so klein, dem zeige ich jetzt mal was los ist." (H. Mölders)

Auch wenn es sich bei diesem Beispiel nur um eine Art Metapher handelt, veranschaulicht es die negativen Konsequenzen dieser Bewältigung.

Unterwürfigkeit

Betroffene bewältigen die erlebte Gewalt, in dem sie sich den Forderungen der Partner fügen. Diese Form der Gewaltbewältigung kann dazu führen, dass die Partner die Gewalthandlungen reduzieren, wenn die Frauen sich durch unterwürfiges Verhalten auszeichnen. Um die Eventualität des Erfolges dieser Form der Gewaltbewältigung gerecht zu werden, verhalten sich die Frauen ihrer persönlichen Art widersprechend und geben ihren Partnern kontinuierlich Recht. Sie treffen sich beispielsweise heimlich mit ihren Freundinnen, weil ihre Partner dies verbieten und tragen ihre Haare so, wie ihre Partner es wünschen. Diese Gewaltbewältigung hat Nachteile. Dadurch, dass die Frauen sich selbstgewählt in die Position der Unterordnung begeben, haben die Partner der Frauen keine Schwierigkeiten der Machtsteigerung. Die Macht der Partner steigert sich, je mehr sich die Frauen den Forderungen der Männer anpassen.

Ertragen

Die Frauen ertragen die Gewalt ihrer Partner, weil die Beziehung auch positive Aspekte beinhaltet, die Beziehung ihnen Sicherheit verleiht und sie Angst vor einer Steigerung der Gewalt haben.

> „Die Frauen stimmen im Grunde dem Geschlechtsakt zu, weil sie Angst haben, wenn sie nicht zustimmen, dann werden sie gezwungen und es wird noch schlimmer. [...] Das ist im Grunde auch eine Art von Vergewaltigung oder eine

eingeforderte Geschichte, weil sie Angst haben, wenn sie nicht mitmachen, wird es nur noch schlimmer." (H. Mölders)

Hier ist zu erkennen, dass Gewalt aus Angst ertragen wird. Die Frauen sollten sich möglichst „[...] nicht selber zum Opfer machen, in dem man sich klein macht und alles erträgt." (H. Mölders) Das bedeutet, dass die Frauen sich, wenn sie die gesamten Gewalthandlungen der Partner ertragen, in die Opferposition begeben. Je häufiger die Frauen die Gewalt ihrer Partner ertragen, desto häufiger werden Gewaltsteigerungen verwirklicht. Die Frauen versuchen die Gewalt ihrer Partner psychisch zu verarbeiten, indem sie sie ertragen.

4.2 Abhängigkeit der Gewaltbewältigungsformen

Nachfolgend wird dargestellt von welchen Faktoren die Gewaltbewältigung der Frauen abhängig ist.

4.2.1 Lernen in der Herkunftsfamilie

Sofern die Frauen in ihrer Kindheit im familiären Kontext Gewalterfahrungen gemacht haben, lernen sie Gewaltbewältigungsformen in ihrer Herkunftsfamilie. Das Einsetzen der Bewältigungsform ist davon abhängig, welche Bewältigungsformen in der Herkunftsfamilie angewendet wurden. Die Frauen wiederholen die Bewältigungsformen der eigenen Mutter. Aber dies steht auch mit der persönlichen Bindung zu dieser in Zusammenhang. Die Wahl der Bewältigungsform ist also von Vorbildfunktionen abhängig. Darüber hinaus lernen Kinder auch Beziehungsstrukturen einer partnerschaftlichen Beziehung kennen, an welchen sie sich im Erwachsenenalter orientieren könnten. Es gibt Frauen, die bereits in ihrer Herkunftsfamilie in der Rolle als Kind Gewalt durch ihre Eltern erfahren haben. Durch die beschriebenen Gewalterfahrungen in der Herkunftsfamilie ist die Gewalt für die Frauen normalisiert und folglich wissen sie, wie sie mit der Gewalt umgehen können.

4.2.2 Institutionelle Bildung

Mölders geht von der Möglichkeit aus, dass die Wahl der Bewältigungsform von in Bildungsinstitutionen vermitteltem Wissen abhängen kann. Der Umgang mit in der

Schule gelerntem Material kann einfacher sein. Daher sollte das Thema der Partnergewalt und dessen Tabus in Kindertagesstätten und Schulen thematisiert werden. Kinder könnten dieses Lernen nicht umgehen, weil in Deutschland eine Schulpflicht besteht. Auch könnten sie dort lernen sich zu wehren, lernen Grenzen zu setzen, sie könnten den Umgang mit Gewalt erlernen und erfahren gesellschaftliche Tabus. In der Schule könnte auch der Unterschied zwischen elterlichen Handlungsweisen und gesellschaftlichen Tabus studiert werden. „Wenn ich in der Schule lerne, das darf nicht so sein, selbst wenn es in meinem Elternhaus ansatzweise so ist, dann weiß ich, nein, das ist nicht richtig so." (H. Mölders) Die Schule könnte die Gewaltbewältigung also positiv unterstützen.

4.2.3 Vorhandene Möglichkeiten an Lösungsschritten

Es kann hilfreich sein, bestimmte Verhaltensmuster zu erlernen, um sich in gewissen Situationen angemessen verhalten zu können. „Menschen brauchen für bestimmte Lebenslagen Gebrauchsanleitungen [...]". (H. Mölders) Zur Erklärung dient ein Exempel.

> „Im Fernsehen gab es früher einen Spot. Das waren immer kurze kleine Filmchen in denen es um Autofahren ging und wie man sich in bestimmten Situationen beim Autofahren zu verhalten hat. Da gab es auch mal diesen Spot Radwechsel. Das haben wir alle mal gelernt in der Ausbildung. Ich habe das auch mal gesehen und das war mir nicht so bewusst [...]. Dann hatte ich den ersten Reifenschaden auf der Autobahn und dann viel mir wieder dieser kurze Film ein und was man dann machen muss. Zuerst das Warndreieck aufstellen, Warnblinkanlage einstellen, Rad wechseln und dann alles wieder einsammeln. Das war wie eine Gebrauchsanleitung in meinem Kopf." (H. Mölders)

Auch wenn dieses Beispiel nur eine metaphorische Bedeutung hat, beschreibt es die vorhandenen Möglichkeiten an Lösungsschritten ziemlich gut. Menschen lernen Verhaltensmuster, speichern diese in ihrem Gedächtnis und bei Bedarf können sie angewendet werden. Auch im Kontext von Partnergewalt wäre das Vorhandensein solcher Lösungsschritte angebracht. So würden die Frauen verschiedene Trennungsmuster kennen und bei Bedarf anwenden können.

Würden bestimmte Thematiken und Problematiken regelmäßig dargestellt werden, könnten sie Bestandteil des Alltags werden. Durch die regelmäßige Befassung mit einem Thema ist es präsenter. Menschen können sicherer und zielführender agieren, wenn sie gewisse Optionen zur Verfügung haben und nicht in einer aktuellen problematischen Situation nach existenten Möglichkeiten forschen müssen. In Bezug auf Partnergewalt bedeutet dies, dass Frauen verschiedene Gewaltbewältigungsformen erlernen sollten – zur Umsetzung vergleiche Kapitel fünf.

4.2.4 Erfahrungen

Die Anwendung der Gewaltbewältigung stehe im Zusammenhang mit gemachten Erfahrungen bzw. Lernerfahrungen. Es ist unumgänglich, dass Menschen negative Erfahrungen machen. Menschen lernen, wenn sie Dinge ausprobieren. Wenn Menschen zum Beispiel „[…] auf eine heiße Platte gefasst haben oder da dran gekommen sind, wissen wir, die ist heiß, da sollte ich vorsichtig sein." (H. Mölders) Wenn Menschen negative Erfahrungen gemacht haben, vermeiden sie die Wiederholung dieser. „Ich würde natürlich jetzt nicht sagen, jeder sollte die Erfahrung machen, Gewalt ausgesetzt zu sein […]" (H. Mölders) Menschen lernen den Umgang mit Gewalt, wenn sie Gewalterfahrungen gemacht haben.

4.2.5 Gleichberechtigung und Geschlechterrollen

Die Bewältigungsform ist davon abhängig, inwieweit die Frauen Gleichberechtigung als wichtig erachten. Die Gewaltausübung durch die Täter ist simpler, wenn die Frauen kein Empfinden für Gleichberechtigung besitzen. Die Einstellungen bezüglich Gleichberechtigung werden im Kontext der Sozialisation erlernt. Gleichberechtigung steht nicht im Widerspruch zu einer liebevollen Partnerschaft. Für Schuhmacher hat Gleichberechtigung einen hohen Stellenwert. Das folgende Zitat konkretisiert die Darlegung ihrer Meinung.

> „Ich in meiner Generation muss jetzt auch sagen, dass ich manchmal ein bisschen erschüttert bin, dass manchmal auch so ein antiquiertes Frauenbild – aus meiner persönlichen Sicht jetzt – bei den ganz jungen Frauen vorherrscht, wo für mich eher Gleichberechtigung und gleiche Rechte in einer Beziehung, gleiche Pflichten, Beziehung auf Augenhöhe, Geld, Bildung, Ausbildung, Arbeit, auch gleichmäßiges Aufteilen der Beziehungspflichten oder der elterlichen Pflichten und Freuden, selbstverständlich sind."

Viele junge Frauen erachten Gleichberechtigung und Emanzipation nicht für notwendig. Die Wahl der Bewältigungsform ist abhängig vom eigenen Frauenbild.

4.2.6 Situationsabhängigkeit und Tagesverfassung

Die Wahl der Gewaltbewältigung kann mit der gegebenen Situation korrelieren. Die vorhandenen Räumlichkeiten können die Gewaltbewältigung beeinflussen. Das Beispiel verdeutlicht die Aufführungen von Schuhmacher.

> „Es ist sehr daran orientiert, was ist das für eine Wohnung, in welcher Situation besteht diese Gewalt, um sich dann in der Akutsituation verhalten zu können. Wenn er alle Telefone weggetan hat, kann die Frau nirgendwo anrufen, wenn alle Schlüssel aus den Zimmertüren in seinem Besitz sind, kann sie sich auch nicht einschließen, dann kann sie es irgendwie nur aushalten und hoffen, dass es dieses Mal nicht ganz so schlimm wird." (M. Schuhmacher)

Dieses Exempel stellt anschaulich dar, wie Frauen in welchen Situation handeln können. Die Betonung liegt hier auf können, denn die Frauen haben nicht zu jeder Zeit die Wahl, welche Art von Bewältigung sie anwenden. Neben diesen räumlichen Möglichkeiten müssen die Frauen auch ihre Kinder mit in die Bewältigung einbeziehen. Die Frauen sind gehalten, zu überlegen, ob und wie viele Kinder anwesend sind. Denn können diese Überlegungen bejaht werden, sind andere Handlungen notwendig. Sind die Kinder beispielsweise zu jung, um sich selbst zu beschützen, haben die Frauen die Aufgabe, dies zu übernehmen. Auch kann die Tagesverfassung einen wesentlichen Faktor bei der Gewaltbewältigung darstellen. Bei einer weniger guten Tagesverfassung sind Menschen schwächer oder zickiger.

4.3 Ziele der Gewaltbewältigung

Im folgenden Text werden die Ziele, die die Frauen mit der Gewaltbewältigung verfolgen, thematisiert.

4.3.1 Schutz der eigenen Person und Schutz der Kinder

Das Ziel der Gewaltbewältigung ist für die Frauen der Schutz der eigenen Person und der Schutz ihrer Kinder. Die Frauen schützen beispielsweise ihre Kinder, in dem sie die Verantwortung für Angelegenheiten, die die Kinder verursacht haben übernehmen, um den Angriff der Täter von den Kindern abzuwenden. Die Expertin Schuhmacher beschreibt die Schutzgewährung der Kinder auf eine andere Weise.

Frauen gewähren ihren Kindern Schutz vor der Gewalt, in dem sie die Gewalt körperlich von ihnen abwehren. Diese Frauen stellen das Wohl der Kinder vor ihr eigenes Wohl, was auch in der Form der Bewältigung sichtbar wird. Äußern tut sich dies dadurch, dass die Frauen absichtlich eine akute Gewaltsituation schaffen oder diese versuchen zu steigern, damit sich der Angriff der Partner auf die Frauen und nicht auf die Kinder fokussiert.

4.3.2 Beendigung und Reduktion der Gewalt

Die Frauen haben das Ziel, die Gewalt ihrer Partner zu beenden. Um dieses Ziel zu erreichen, versuchen sie, wie sich bereits aus Kapitel 4.1.1 (Beziehungsarbeit) ergibt, die Partner zu verändern und zu verbessern. Durch bestimmte Verhaltensweisen, beispielsweise dem Vermeiden bestimmter Aussagen, versuchen sie die Gewalt zu reduzieren und die Wut ihrer Partner gering zu halten. Das folgende Zitat gibt Beispiele dafür.

> „Sie kreisen darum, wie halte ich das aus, wie vermeide ich das, was muss ich noch tun, was muss ich anziehen, wie muss ich gucken, wie muss ich den Kopf geneigt halten, damit er sich nicht wieder provoziert fühlt, muss ich den Alkohol verstecken, muss ich noch eine Flasche hinstellen, das kann sehr unterschiedlich sein." (M. Schuhmacher)

Die Frauen sind stets bemüht, ihre Bewältigung zu optimieren.

4.3.3 Sicherung des Überlebens

Die Frauen haben das Ziel, die Gewaltsituationen und die Gewaltbeziehung generell zu überleben. Auch müssen sie lernen, mit ihrer eigenen Angst umzugehen. „[…] sie müssen auch die eigene Angst aushalten und sie ganz weit weg packen, um in dieser Situation überleben zu können." (M. Schuhmacher) Daraus ergibt sich, dass das Überleben nicht nur im körperlichen Sinne, sondern auch im psychischen Sinne gemeint ist.

4.4 Gewaltbewältigungsressourcen und negative Beeinflussung der Gewaltbewältigung

Was unterstützt positiv die Gewaltbewältigung? Was beeinflusst negativ die Gewaltbewältigung?

4.4.1 Gewaltbewältigungsressourcen

Die Gewaltbewältigungsressourcen sind sehr vielfältig. In diesem Kapitel werden Sozialkontakte, Aufmerksamkeit und Unterstützung durch Außenstehende, Täterarbeit und Präsenz der Problematik Partnergewalt in der Gesellschaft als Ressourcen beschrieben.

Sozialkontakte

Die betroffenen Frauen haben die Vorstellung, dass sie neben ihren Partnern keine anderen sozialen Kontakte benötigen. Aber im Verlauf der Partnerschaft stellen sie fest, dass diese eine Ressource darstellen können. Allerdings reduzieren sich die sozialen Kontakte im Verlauf der Gewaltbeziehung. Soziale Isolation ist eine Folge von Partnergewalt. Die Partner der Frauen verbieten soziale Kontakte, weil diese Menschen die Gewalt bezeugen könnten. Die Männer ertragen es nicht, wenn die Frauen noch andere Bezugspersonen hätten. Dies hängt auch mit einer inszenierten Macht der Männer zusammen. Je isolierter die Frauen sind, desto geringere Chancen haben sie sich zu trennen und desto geringere Fluchtmöglichkeiten bestehen.

Welche Vorteile haben Sozialkontakte? Sozialkontakte können sehr hilfreich sein. Sozialkontakte sind allerdings nur sinnvoll, wenn sie ihren Gesprächspartnerinnen und Gesprächspartnern sowohl positive als auch negative bzw. unterstützende als auch konträre Vorstellungen und Meinung übermitteln. Menschen erlangen keinen Lerneffekt, wenn Gesprächspartner, alle Vorstellungen und Meinungen der Person unterstützen. Aus diesen Erkenntnissen ergibt sich, dass andere Personen die Meinungen und Ansichten der Frauen nur unterstützen sollten, wenn diese ihren eigenen entsprechen. Durch das Wissen um andere Ansichten und Meinungen haben Menschen ein größeres Spektrum. Die Frauen sollten andere Meinungen nicht als Angriff betrachten. Es kann hilfreich für die von Gewalt betroffenen Frauen sein, wenn andere Menschen ihnen ihr Verhalten reflektieren. Die Frauen sollten die Möglichkeit haben, regelmäßig mit anderen Menschen über die ihnen widerfahrene Gewalt zu sprechen. Von Nutzen ist dies für die Frauen allerdings nur, wenn die Zuhörinnen und Zuhörer den Frauen keine Handlungsanweisungen geben und ihnen keine Vorschriften machen.

Aufmerksamkeit und Unterstützung durch Außenstehende

Es ist nicht unproblematisch, Frauen auf die ihnen widerfahrene Gewalt anzusprechen. Schwieriger ist es allerdings noch, die Gewalt zu erahnen. Sofern eine Vermutung von Partnergewalt vorliegt, sollten Außenstehende die betroffenen Frauen auf die Problematik ansprechen. Sie können den Betroffenen signalisieren, dass es Möglichkeiten gibt, die Beziehung zu verändern und dass sie sie bei einer Trennung unterstützen würden. Auch sollten Außenstehende vermitteln, dass Partnergewalt unakzeptabel ist und dass die Frauen keine Schuld an der Gewalt tragen. Auch wenn die Frauen die Vorfälle der Partnergewalt abstreiten, ist es hilfreich für sie, wenn sie vermittelt bekommen, dass ihnen Unterstützung widerfahren würde. Mittels der Aufmerksamkeit und Unterstützung durch Außenstehende können Frauen ihre Möglichkeiten der Gewaltbewältigung erweitern. Allerdings ist es auch hier wichtig, dass die Unterstützenden den Frauen keine Handlungsanweisungen geben und ihnen keine Vorschriften machen. Die Helfenden sind gehalten dazu, es zu akzeptieren, wenn die betroffenen Frauen, ihre Hilfe nicht annehmen. Unterstützende sollten die Kraft haben, es auszuhalten „[...] wenn die Frau nicht sofort die Tasche packt." (M. Schuhmacher)

Täterarbeit

Laut den Aussagen von Mölders sollten die Anzahl und Motive der Täter den öffentlichen Fokus erreichen. Es sollte sowohl über die Opfer als auch über die Täter von Partnergewalt debattiert werden. Das Verhalten der Täter darf nicht glorifiziert werden, sondern die Täter sollten die Tabus von Partnergewalt kennen und Konsequenzen erfahren. Die Täter sollten auf die Gewalt angesprochen werden, um ihnen zu signalisieren, dass die Gewalt nicht toleriert und befürwortet wird. Umgesetzt wird dies von Betroffenen, in dem sie gemeinsam mit anderen Personen die Partnergewalt mit ihren Tätern thematisieren. Möglich ist auch, dass Außenstehende den Tätern verdeutlichen, dass sein gewalttätiges Verhalten moralisch verwerflich ist. Allerdings kann dies auch Nachteile zur Folge haben. Es besteht eine Ambivalenz zwischen dem Ansprechen der Täter, weil sich die Gewalt daraufhin steigern könnte. Auch die Betroffenen selbst haben Angst davor. Ist es sinnvoll es zu ignorieren, damit es zu keiner Gewaltsteigerung führt? Die Beantwortung dieser Frage ist schwierig.

Präsenz der Problematik Partnergewalt in der Gesellschaft

Bezüglich der Problematik Partnergewalt gegen Frauen sollten in der Gesellschaft gewisse Grenzen bestehen und bestimmte Problematiken vermehrt gesellschaftlich präsent sein. Gewalt in Partnerschaften darf von der Gesellschaft also nicht toleriert werden und die Problematik sollte den öffentlichen Fokus erreichen. Die Frauen betonen, dass der Frauenhausaufenthalt sie positiv bei ihrer Gewaltbewältigung unterstützt hat. Sie betonen auch die Wichtigkeit von Frauenhäusern. Würden ihre Erfahrungen an andere von Gewalt betroffene Frauen weitergetragen werden, könnte sich in der Etablierung der Frauenhausarbeit etwas verändern.

Welche anderen gesellschaftlichen Probleme kreuzt die Problematik Partnergewalt gegen Frauen? Mölders sagt, dass Gespräche über Sexismus vermehrt geführt werden sollten und Frauen vermehrt Führungspositionen in Firmen übernehmen sollten. Sie trifft die Aussage, dass Frauen oft bessere Qualifikationen besitzen, aber dennoch weniger Führungspositionen als Männer besetzen. Weiter geht sie davon aus, dass Männer keinen Wert darauf legen, mit Frauen in wichtigen Positionen zusammenzuarbeiten. Männer täuschten den Frauen besseres Führungsverhalten vor. Frauen würden stattdessen für Positionen eingesetzt, in denen sie hohe Arbeitsleistungen erbringen müssten und ungeachtet dessen weniger Geld als die Männer verdienen würden. Männer würden manche berufliche Position also nur auf Grund ihrer Männlichkeit erlangen. Die Mächtigeren – hier also die Männer – definieren die Machtlosen. An dieser Stelle ist der gesellschaftliche Zusammenhang zu Partnergewalt gegen Frauen zu erkennen. Das Gehabe in den Machtpositionen von Firmen spiegelt die Machtverhältnisse in Gewaltbeziehungen wider. Die Täter betonen ihre Macht gegenüber ihren Partnerinnen und provozieren ihre Abhängigkeit, ähnlich wie in unten stehendem Beispiel.

„Der Mann sagt, ich bin groß und stark, ich verdiene das Geld, ich sage wofür es ausgegeben wird und du hast den Mund zu halten und wenn du den Mund nicht hältst, wirst du geschlagen." (H. Mölders)

Im übertragenen Sinne werden die Frauen zwar in den Betrieben nicht geschlagen, aber sie haben – auf Grund ihrer Weiblichkeit – keine Chance, machtvolle Positionen zu erlangen. Um dem entgegen zu wirken sollten Frauen und Männer anteilig dieselbe Anzahl an machtvollen Positionen besetzen. Dadurch könnten Veränderungen an dem bestehenden Wertebild von Frauen und Männer erreicht werden.

4.4.2 Negative Beeinflussung der Gewaltbewältigung

Neben den beschriebenen Ressourcen gibt es auch Faktoren, die die Gewaltbewältigung negativ beeinflussen. Hierzu zählen Schuldzuweisung, Ambivalenz Sozialer Unterstützung sowie positives Feedback für und Außendarstellung der Täter.

Schuldzuweisung

Es kommt vor, dass Menschen behaupten, die Frauen würden zu ihrem Opfersein beitragen, indem sie sich nicht angemessen verhalten. Sie geben den betroffenen Frauen die Schuld für die ihnen widerfahrene Gewalt. Diese Menschen suchen die Ursache der Partnergewalt und treffen die Feststellung, dass Männer ihre Partnerinnen nicht grundlos misshandeln. Sie haben die Vorstellung, dass die betroffenen Frauen ihre Partner provozieren und ihnen offensichtliche Gründe zur Gewaltausübung geben. Allerdings brauchen Männer – wie bereits erläutert – keine Gründe für die Misshandlung ihrer Partnerinnen. Andere Frauen merken an, dass sie, wenn sie Ähnliches erleben würden, ihre Partner ohne Überlegungen verlassen würden. Sie kritisieren mit solchen Aussagen indirekt die Form der Gewaltbewältigung der tatsächlich Betroffenen. Außenstehende werfen den Frauen oft vor, dass sie zu lange in den Gewaltbeziehungen verweilen und sie die Gewalt dementsprechend als Bestandteil der Beziehung tolerieren. Solche Aussagen können dazu führen, dass Frauen nach einem Gespräch über die ihnen widerfahrene Gewalt nicht wissen, wie sie agieren sollen. Die Frauen haben die Befürchtung, dass es nicht positiv angesehen wird, wenn sie mit anderen Menschen über die erlebte Gewalt sprechen und keine Trennung von ihren Partnern anstreben.

Ambivalenz Sozialer Unterstützung

Auch wenn Außenstehende die Frauen unterstützen, muss dies nicht zwingend effektiv sein. Die Unsicherheit der Außenstehenden kann negative Folgen haben. Sie wissen beispielsweise auf Grund ihrer eigenen Betroffenheit nicht, wie sie angemessen agieren können. Es kann schwierig für Außenstehende sein, wenn Frauen ihnen regelmäßig von der ihnen widerfahrenen Gewalt erzählen und sich keine Veränderung ereignet. Eventuell gewähren Außenstehende den Frauen einige Tage Unterkunft und thematisieren gemeinsam mit ihnen die Gewalt. Anschließend führen die Betroffenen die Partnerschaft auf die gleiche Weise fort. Es ist ein nicht endender Unterstützungskreislauf durch die Außenstehenden, wenn sie den Frauen regelmäßig vermitteln, dass Unterstützungsmöglichkeiten bestehen und sie sich dennoch nicht von ihren gewalttätigen Partnern trennen. In solchen Fällen wissen Außenstehende oft nicht mehr, wie sie am geeignetsten reagieren und handeln sollten. Darüber hinaus unterstützen sie die Gewaltspirale, wenn sie den Frauen regelmäßig für einige Tage Unterkunft gewähren.

Positives Feedback für und Außendarstellung der Täter

Manche Täter werden für die Gewaltausübung an ihren Partnerinnen positiv angesehen, weil es Männer gibt, die Frauen nicht werten und es unterstützen, wenn andere Männer sich gegen ihre Partnerinnen durchsetzen. Die Betroffenen sind die Einzigen, die ihre Partner gewalttätig erleben. In der Öffentlichkeit verhalten sich die Männer anders. Sie können sehr freundlich und zuvorkommend Außenstehenden gegenüber sein. Deshalb ist es in der Familie der Paare oft nicht bekannt, dass die Männer gewalttätig gegenüber ihren Partnerinnen sind. Andere Frauen äußern gegenüber den betroffenen Frauen die Sympathie der Männer, weil sie ihre Gewalttätigkeit nicht erahnen können. Hinsichtlich der Außendarstellung der Täter ahnen die Frauen, dass sie, wenn sie die Gewalt thematisieren würden, keine positive Resonanz erfahren würden.

4.5 Zusammenfassung

Die Expertinneninterviews ergaben einen Einblick in die Gewaltbewältigung von Partnergewalt betroffener Frauen. Einige – in diesem Kapitel – aufgezeigte Gewaltbewältigungsformen wurden bereits im theoretischen Teil dieser Arbeit diskutiert. Die Möglichkeiten der Bewältigung von Partnergewalt sind sehr vielfältig. Die aktivere Bewältigung wird nochmals unterteilt. So bewältigen die Frauen die Gewalt ihrer Partner durch Problemlösung. Diese erfolgt entweder durch Beziehungsarbeit, also durch Veränderung und Verbesserung der Partner und der Beziehung oder durch Trennung. Auch handeln die Frauen reaktiv. Dann wehren sie sich entweder, flüchten oder schließen sich in Räumen ein. Frauen können die Gewalt auch bewältigen in dem sie unterstützende Maßnahmen wählen. Sie suchen Beratungseinrichtungen auf oder sprechen mit anderen Menschen über die ihnen widerfahrene Gewalt. Auf welche Weise erfolgen passivere Formen der Gewaltbewältigung? Die Frauen verarbeiten die Gewalt, indem sie sie relativieren oder entschuldigen. Frauen verdrängen die Gewalt auch, in dem sie die Verletzungsfolgen beseitigen. Dann sind sie teilweise selbst der Überzeugung, dass ihnen keine Gewalt widerfahren ist. Vermeidende Bewältigungsformen werden auch der passiveren Gewaltbewältigung zugeordnet. Die Frauen versuchen die Gewalt zu vermeiden, indem sie Störmechanismen beseitigen. Auch Unscheinbarkeit und Unterwürfigkeit bilden Formen der vermeidenden Bewältigung. Die Frauen wollen sich und ihre Kinder mit der Gewaltbewältigung schützen. Diese und andere Ziele bestimmen den Grad der subjektiv empfundenen Effektivität der eingesetzten Gewaltbewältigung. Je erfolgsloser die Maßnahmen aus Sicht der Frauen sind, desto weniger setzen sie sie ein. Die These aus der Kapiteleinführung – der Einsatz der Gewaltbewältigung erfolgt nicht unwillkürlich, sondern ist von gewissen Faktoren abhängig – kann bestätigt werden. Der Einsatz der Gewaltbewältigung hängt u. a. mit in der Familie und in der Schule gelernten Bewältigungs- bzw. Gewaltbewältigungsformen zusammen. Kennen Frauen gewisse Gewaltbewältigungsmöglichkeiten fällt ihnen der Einsatz leichter und sie wissen, welche Möglichkeiten sie haben. Die Betrachtung der Bewältigungsressourcen und der negativen Beeinflussung der Gewaltbewältigung ist wesentlich. Haben die Frauen soziale Kontakte und verhalten diese sich angemessen, kann dies einen positiven Effekt auf die Bewältigung haben. Außenstehende können den Betroffenen ihre Bewältigung reflektieren und ihnen Möglichkeiten der Unterstützung aufzeigen. Geben Menschen den betroffenen Frauen die Schuld für die erlebte Gewalt, kann dies zu ihrer Handlungsunfähigkeit beitragen.

5 Gewaltbewältigung während und nach einem Frauenhausaufenthalt

Innerhalb dieses Kapitels werden ebenfalls die empirisch erhobenen Daten dargestellt. Wie auch in Kapitel vier beruhen alle folgenden Aussagen auf den Äußerungen der befragten Expertinnen.

Nachdem die Frauen sich von ihren Partnern getrennt haben, ist es möglich, ein Frauenhaus aufzusuchen. Dort werden sie bei ihrer persönlichen Gewaltbewältigung von den Frauenhausmitarbeiterinnen auf verschiedene Weise unterstützt. So ist es den Frauen möglich, ihre Gewaltbewältigung zu reflektieren und zu optimieren. Sie sind dann in neuen Partnerschaften geschützter vor erneuter Partnerschaftsgewalt. Ab wann ist die erlernte Gewaltbewältigung im Frauenhaus wirksam? Es werden in diesem Kapitel verschiedene Gewaltbewältigungsformen beschrieben. Sie sind teilweise kongruent zu den Bewältigungsformen von Kapitel vier. Allerdings werden diese vor dem Hintergrund der Unterstützung durch die Frauenhausmitarbeiterinnen beschrieben. Die Gewaltbewältigungsformen sind sowohl aktiverer als auch passiverer Art. Wie verläuft das Leben der Frauen nach ihrem Frauenhausaufenthalt?

5.1 Individualität und Wirkung der Gewaltbewältigung während eines Frauenhausaufenthaltes

Die Gewaltbewältigungsmaßnahmen werden individuell auf die Frauen abgestimmt. Im Frauenhaus werden zahlreiche Möglichkeiten der Veränderung aufgezeigt und den Frauen werden Optionen zur selbstständigen Gewaltbewältigung angeboten. Sie sollen ihre Gewaltbewältigung selbstständig mit Unterstützung weiterentwickeln, verbessern und diese auch selbstständig anwenden, damit sie diese nach dem Frauenhausaufenthalt weiter verwirklichen können. „Das ist jetzt nicht nur so eine Akutintervention hier, sondern auch schon perspektivisch für ein zukünftiges Leben von der Bewohnerin [...]." (M. Schuhmacher) Die Erfolge der im Frauenhaus erarbeiteten Gewaltbewältigung sind von der Aufenthaltsdauer abhängig. Ein längerfristiger Aufenthalt der Frauen ist positiv, weil sie dann bestehende Krisen mit Unterstützung der Frauenhausmitarbeiterinnen bewältigen können. Sie können dann in einem gefestigten psychischen Zustand ihr Leben außerhalb des Frauenhauses fortsetzen. Ein Frauenhausaufenthalt ist die Basis. Die Frauen können zwar Lerneffekte während ihres Frauenhausaufenthaltes erzielen, da der Aufenthalt aber zu kurz ist, können nicht alle Problemlagen angegangen werden.

5.2 Formen der Gewaltbewältigung während eines Frauenhausaufenthaltes

Im Folgenden wird dargestellt, wie die Frauen während ihres Frauenhausaufenthaltes bei ihrer Gewaltbewältigung unterstützt werden. Es gibt Formen der Gewaltbewältigung, die eher aktiver sind und Formen, die eher passiver sind.

5.2.1 Aktivere Gewaltbewältigung

Die aktivere Gewaltbewältigung wird gegliedert in aktive Maßnahmen, reaktive Gewaltbewältigung und Konfliktlösung sowie unterstützende Gewaltbewältigung.

Aktive Maßnahmen

Aktive Maßnahmen sind Schreiben und positive Aktivitäten.

Schreiben

Die Frauenhausmitarbeiterinnen bieten den Frauen an, eine Pro- und Kontraliste anzufertigen, wenn sie positive und negative Beziehungsaspekte abwägen wollen. Die Frauen können während ihres Frauenhausaufenthaltes ihre Erlebnisse aufschreiben. Dies kann für sie eine hilfreiche neue Erfahrung sein.

> „Viele Frauen fangen hier an, so eine Art Tagebuch zu führen, dass ich nicht lesen muss und dass ich auch gar nicht lesen will. Es hilft, für sich selber eine Strategie zu entdecken, mit Kummer oder Vergangenem umzugehen und auch Träume zu entwickeln." (M. Schuhmacher)

Positive Aktivitäten

Lerneffekte können auch durch positive Aktivitäten erreicht werden. Dabei stehen die Ziele Gemeinsamkeit, Solidarität und Loyalität im Fokus. Die Frauenhausmitarbeiterinnen versuchen den Alltag der Frauen positiv zu gestalten, um die Lebensfreude der Frauen zu steigern. Positive Aktivitäten können den Gemütszustand der Frauen verbessern. Dadurch können die Frauen mehr Stärke erhalten und sind dann weniger angreifbar. Es werden gemeinsame erfreuliche Aktivitäten arrangiert: basteln, backen, Tagesausflüge und Ferienfreizeiten.

Reaktive Gewaltbewältigung und Konfliktlösung

Die Frauenhausmitarbeiterinnen üben mit den Bewohnerinnen, wie sie sich gegen die Angriffe wehren können. Auch wird den Frauen angeboten, sich zu einem Selbstverteidigungskurs anzumelden. Wie aus Kapitel 4.1.1 (Dominanz und Wehr) hervorgeht, ist dies allerdings problematisch.

Eine angemessene Konfliktlösung unterstützt den Abwehrprozess. Im Frauenhaus können die Frauen ihre Hemmungen vor Konflikten verlieren. Sie lernen Konflikte auszuhalten und sachlich zu lösen. Dies lernen sie im Kontakt mit anderen Bewohnerinnen und werden dabei von den Frauenhausmitarbeiterinnen unterstützt. Dies erfolgt durch das gemeinsame Streitschlichten in Gesprächen und durch das Modellverhalten der Frauenhausmitarbeiterinnen. Besteht beispielsweise ein Konflikt zwischen zwei Bewohnerinnen, versucht eine Frauenhausmitarbeiterin den Vorfall, den Gesprächsinhalt, die Art der Gesprächsführung und die Gemeinsamkeiten zu Konflikten mit den Partnern festzustellen und zu reflektieren. Die Frauenhausmitarbeiterinnen geben den Frauen auch Ratschläge zur angemessenen Konfliktlösung. Sie teilen den Frauen mit, dass es zielführend ist, die Konfliktpartnerin oder den Konfliktpartner so zu behandeln, wie sie selbst behandelt werden möchten. Die Frauen können sich zurückziehen, um das eigene Verhalten zu reflektieren. In einigen Situationen ist es – nach Ansicht der Frauenhausmitarbeiterinnen – auch zielführend nach dem Konflikt der Konfliktpartei weniger Aufmerksamkeit zu erteilen. Sofern keine Konfliktlösung möglich ist, müssen sie sich dennoch respektieren, gewisse Normen wahren und angemessen miteinander umgehen. Die Frauen müssen lernen, ein Gespräch zu führen, in dem sie unterschiedliche Meinungen akzeptieren und gewisse Normen wahren. Auseinandersetzungen können auf Grund von negativen Erlebnissen entstehen, die nicht im Zusammenhang mit der Streitpartie stehen. Durch Selbstreflexion kann die eigene Bewältigung verbessert werden.

Unterstützende Gewaltbewältigung

Der unterstützenden Gewaltbewältigung werden Beratung, Weitervermittlung sowie staatliche Grenzsetzung und Anzeigenerstattung zugeordnet.

Beratung

Die Gewalterfahrungen können durch Gespräche bewältigt werden. Die Gesprächsinitiative wird meistens von den Bewohnerinnen ergriffen. Innerhalb von Gesprächen zwischen den betroffenen Frauen und den Frauenhausmitarbeiterinnen können die Ängste der Frauen verarbeitet werden und sie können lernen, Erlebtes zu verbalisieren. Durch das laute und häufige Aussprechen von Erlebnissen kann das Bewusstsein derer gesteigert werden. Die Frauenhausmitarbeiterinnen versuchen den Bewohnerinnen in Gesprächen eine neue Perspektive zu eröffnen. Inhalt der Gespräche ist die Zukunft der Frauen, aktuelle positive wie negative Erlebnisse, die Gewaltbeziehung, die eigene Wertigkeit und das eigene Frauen- und Mütterbild. Die Intimität des Gesprächsinhalts hängt von der Vertrautheit zwischen den Bewohnerinnen und Frauenhausmitarbeiterinnen ab. Schuhmacher erklärt, dass die Gesprächsführung auf unterschiedliche Weise erfolgen kann.

„Es kann sein, dass sie in ganz intensiven Einzelgesprächen ganz viel Unterstützung braucht und das auch immer nur mit einer Mitarbeiterin geht, vielleicht die, die auch die Aufnahme gemacht hat. Es kann sein, dass eine Frau das so nutzt, dass sie immer nur so punktuell kommt, dass aber vielleicht fünfmal am Tag und drei Minuten Gespräche braucht, bis dann eine längerfristige Geschichte möglich ist. Es gibt Frauen, die können das besser, wenn noch eine Bewohnerin neben ihnen sitzt."

Im Frauenhaus erfolgen auch Gruppengespräche, beispielsweise innerhalb einer Kreativgruppe. Auch wenn „das Basteln" im Vordergrund steht, bietet die Gruppensituation einen leichteren Gesprächseinstieg.

Weitervermittlung

Die Unterstützung bei der Gewaltbewältigung kann dadurch erfolgen, dass die Frauenhausmitarbeiterinnen die Frauen an andere Institutionen vermitteln, weil im Frauenhaus u. a. nicht therapeutisch gearbeitet wird. Die Frauenhausmitarbeiterinnen erklären den Frauen, dass Institutionen wie beispielsweise Beratungsstellen, auch positive Unterstützung gewähren können. Sie haben die Aufgabe, den Frauen die Angst vor einer Therapie zu nehmen, ihnen die Inhalte positiv darzustellen und sie bei der Kontaktaufnahme zu unterstützen. Für viele Frauen sind Therapie und Beratung negativ besetzt. Dies kann u. a. mit dem kulturellen Kontext der Frauen zusammenhängen.

Staatliche Grenzsetzung und Anzeigenerstattung

Die Frauen können während ihres Frauenhausaufenthaltes lernen, dass sie ihren Partnern mit Hilfe des Staates Grenzen setzen können. Beispielsweise können sie mit Unterstützung einer Anwältin oder eines Anwalts oder des Gerichts ein Näherungsverbot erwirken. Sie haben während ihres Frauenhausaufenthaltes aber auch gelernt, dass dieses und andere staatliche Grenzsetzungen nicht unbedingt die Gewalt ihrer

Partner abwehren. Die Gründe sind aus den unten stehenden Ausführungen zu entnehmen.

„[...] viele Männer haben auch kein Unrechtsbewusstsein. Viele Männer denken auch, es ist meine Frau, es sind meine Kinder, ich habe das Recht [...] es kann mir überhaupt keiner sagen, dass ich das nicht darf." (H. Mölders)

Das Näherungsverbot hindert die Partner der Frauen nicht unbedingt daran, sich ihrer Frau zu nähern und Gewalt gegen sie auszuüben. Das folgende Zitat fasst dies gut zusammen. „Der Zettel schützt einen an sich nicht." (H. Mölders)

Die Frauen haben die Möglichkeit, eine Anzeige gegen ihre Partner zu erstatten, wobei sie allerdings befürchten, dass sich dann die Gewalt ihrer Partner steigert und eskaliert. Daneben verlieren sie mit der Erstattung einer Anzeige die Option auf Wiederaufnahme der Beziehung und die Chance auf Änderung der Partner. Die Frauenhausmitarbeiterinnen können die Befürchtungen der Frauen nicht lindern, weil die Möglichkeit besteht, dass sich die Gewalt ihrer Partner tatsächlich steigert.

5.2.2 Passivere Gewaltbewältigung

Auch die passivere Gewaltbewältigung wird nochmals unterteilt. Ihr werden die psychische Gewaltbewältigung und Bewältigungsressourcen zugeordnet.

Psychische Gewaltbewältigung

Inhalte der psychischen Gewaltbewältigung sind Rückzug, Bewusstsein und Entschuldigungen für Gewalt.

Rückzug

Frauen bevorzugen in unterschiedlichen Situationen den Rückzug, um alleine sein zu können. Die räumliche Ausstattung eines Frauenhauses hindert die Frauen allerdings daran. Nach Möglichkeit bekommen Frauen ein eigenes Zimmer. Oft müssen sich aber die Frauen mit anderen Frauen einen Raum teilen. Insofern besteht keine objektive Rückzugsmöglichkeit. So sind sie gezwungen, mit anderen Frauen in Kontakt zu treten.

Die Frauen können lernen, sich von der Gewalt ihrer Partner zu distanzieren. So können sie ihre eigenen Bedürfnisse besser wahrnehmen. Die Möglichkeiten der Ignoranz sind allerdings auf Grund moderner Kommunikationsmittel eingeschränkt. Die Frauen sind in Besitz eines Mobiltelefons und somit sind sie durchgängig für ihre Partner erreichbar. Auch wenn sie die Anrufe nicht entgegennehmen, können sie den Kontakt zu ihren Partnern nicht umgehen, weil die Partner ihnen Textnachrichten schreiben könnten, die sie aus Neugier lesen könnten.

Bewusstsein für Gewalt

Die Frauen können während ihres Frauenhausaufenthaltes ein anderes Verständnis für ihre Rechte und für ihre Person erlangen. Sie können die Erkenntnis dafür erhalten, dass kein Mensch Gewalt gegen sie ausüben darf. Die Frauen können im Frauenhaus die Einschätzung von und das Bewusstsein für Gewalt erlernen. Partnergewalt kann dann von den Frauen als Gewalt beschrieben werden und sie verharmlosen sie nicht mehr. Dieses Bewusstsein wird in Einzelgesprächen und durch Reflexion der Frauenhausmitarbeiterinnen geschaffen. Die Frauenhausmitarbeiterinnen erklären den Frauen, dass es sich bei ihren Erlebnissen um Gewaltangriffe handelt und dass diese moralisch und nach dem deutschen Strafgesetz unakzeptabel bzw. verboten sind. Im Frauenhaus können die Frauen einen neuen Partnerschaftsbegriff erlernen, können ihren bestehenden ändern und erfahren, dass Partnergewalt keine Normalität darstellt.

Frauen, denen ausschließlich psychische Gewalt widerfahren ist, haben Angst, nicht im Frauenhaus aufgenommen zu werden.

> „Man muss bei jeder Frau genau gucken, weil wir haben ja auch Frauen im Haus, die so gut wie keine körperliche Gewalt oder auch gar keine körperliche Gewalt erlebt haben, auch keine sexuelle, aber ein großes Maß an psychischer Gewalt, die dann auch im Aufnahmegespräch sitzen und ganz ängstlich sagen, er hat mich aber nicht geschlagen und dann schon Sorge haben, dass wir sie nicht aufnehmen." (M. Schuhmacher)

Die Frauen befürchten, dass die Frauenhausmitarbeiterinnen der Meinung seien könnten, dass es sich bei psychischen Angriffen nicht um Gewalt handeln könnte. Dies ist jedoch nicht der Fall und die Mitarbeiterinnen erklären dies den Betroffenen auch.

Entschuldigungen für Gewalt

Die Frauenhausmitarbeiterinnen machen den Frauen deutlich, dass keine Entschuldigungen für Gewalt existieren. Schuhmacher erklärt dies den Frauen an Hand eines Perspektivwechsels.

> „Ich sage, stell dir die Situation doch mal andersherum vor. [...] sie sollen sich die Beziehungssituation umgekehrt vorstellen, also mir eine Gewaltsituation beschreiben und dann sagen sie oft, ja ich war ja auch laut oder ich habe nicht gespült und das war schon okay. Sie sollen sich das dann umgekehrt vorstellen,

dass er irgendetwas nicht macht, was sie erwartet habe, den Wagen putzen oder Müll rausbringen [...] und frage sie dann, ob sie dann auch zuschlagen würden. Und dann stutzen sie ganz oft und ihnen fällt auf, dass sie ganz selberverständlich nicht dieses Verhaltensrepertoire haben [...] Wenn man dann weiterfragt, ja warum denn nicht, antworten sie, ja das macht man ja nicht. Aber warum darf er das denn? [...] Mit solchen kleinen Schritten manchmal nur die Situation zu spiegeln und umzudrehen, um auch deutlich zu machen, dass das wirklich nicht in Ordnung ist und dass es keinerlei Entschuldigungen dafür gibt, dass man seine Partnerin schlägt oder einsperrt [...]." (Schuhmacher)

Durch diesen Perspektivwechsel können die Frauen verstehen und nachvollziehen, dass Gewalt ein schlechtes Konfliktlösungsmodell ist. Das Schuldgefühl der Frauen wird individuell bearbeitet. Sie lernen während ihres Frauenhausaufenthaltes, dass sie keine Schuld an der Gewalt ihrer Partner tragen.

Bewältigungsressourcen

Eigenverantwortung und Eigenständigkeit, Erleben von Frauen mit ähnlichen Erlebnissen und Sozialkontakte bilden Bewältigungsressourcen.

Eigenverantwortung und Eigenständigkeit

Die Frauenhausmitarbeiterinnen vermitteln den Frauen die Wichtigkeit von Eigenverantwortung und selbstgewählten Entscheidungen. Nach der Trennung haben die Frauen zahlreiche Entscheidungen zu fällen. Die Expertinnen äußern, dass den Frauen Entscheidungen nicht leicht fallen würden, weil sie diese eigenverantwortlich zu treffen haben. Vor und nach der Trennung suchen sie – zum Teil zu Recht – die Verantwortlichkeit für ihre schlechte Lebenssituation bei den Tätern. Trotz der Umstände haben die Frauen nach der Trennung eigene Entscheidungen für ihr Leben zu treffen. Im Verlauf des Frauenhausaufenthaltes erkennen sie die Eigenverantwortlichkeit als Wert an, weil dies bedeutet, dass sie gewaltfrei leben können.

Die Täter haben ihren Partnerinnen ihre Eigenständigkeit verwehrt. Auf Grund dieser Tatsache, lernen die Frauen diese im Frauenhaus. Dies erfolgt durch das Übernehmen von Aufgaben und Verpflichtungen. Beispielsweise waschen sie selbstständig, räumen auf und betreuen ihre Kinder. Auch lernen sie, mit ihrem eigenen Geld zu wirtschaften. Die Erlangung von Eigenständigkeit ist wichtig für die selbstständige Lebensführung während des Frauenhausaufenthaltes und besonders für die Zukunftsgestaltung nach dem Frauenhausaufenthalt.

Erleben von Frauen mit ähnlichen Erlebnissen

Im Frauenhaus haben die Frauen die Möglichkeit des gegenseitigen Austausches. Es kann entlastende Wirkung haben, wenn sie Kontakt zu anderen Frauen mit ähnlichen Erlebnissen schaffen können. So erfahren sie, dass ihre Lebensschicksale Ähnlichkeit haben und sie die Gewalterfahrungen teilen. Vor ihrem Frauenhausaufenthalt hatten die Frauen die Empfindung, dass sie die einzigen Frauen sind, denen Partnergewalt widerfährt.

„Es ist natürlich anstrengend mit sehr vielen andere Frauen, es ist so eine Wohngemeinschaft-Situation, das ist nicht wie die eigene Wohnung, aber dann bekommen sie auch sehr schnell mit, die Frau hat Ähnliches erlebt wie ich, die kann Gewaltsituationen beschreiben, dass könnte ich genauso erzählen. Ich bin ja gar nicht die Einzige, die ist ja eigentlich ganz nett und die hat auch so etwas erlebt." (M. Schuhmacher)

Sie erleben also auch, dass Partnergewalt sich unabhängig von der Persönlichkeit der Frauen ereignet.

Die Frauen haben die Gelegenheit – mit Unterstützung der Frauenhausmitarbeiterinnen – der gegenseitigen Beschreibung von Lerneffekten. Auf Grund des bestehenden Kontakts zwischen den Frauenhausmitarbeiterinnen und ehemaligen Bewohnerinnen, haben aktuelle Bewohnerinnen die Gelegenheit festzustellen, welche Möglichkeiten der Lebensveränderung nach dem Frauenhausaufenthalt bestehen.

Sozialkontakte

Soziale Unterstützung ist eine Maßnahme gegen erneute Partnerschaftsgewalt.

„Das ist auch eine Strategie, die man als Anti-Gewaltstrategie verstehen kann, dass sie sich nicht mehr in Isolation drängen lassen, sondern für sich verstanden haben, dass es wichtig ist, in irgendeiner Form ein Netzwerk zu haben und nicht nur isoliert in einer Paarbeziehung zu sein, die von Gewalt geprägt ist." (M. Schuhmacher)

Frauen können während ihres Frauenhausaufenthaltes lernen, dass soziale Kontakte sinnvoll sind. Frauen erleben im Frauenhausalltag Kollektivität. Zwischen den Frauenhausbewohnerinnen bilden sich Freundschaften, die teilweise über den Frauenhausaufenthalt hinaus Bestand haben. So können sie sich beispielsweise gegenseitig unterstützen und haben die Aufmerksamkeit von anderen Frauen. Auch ehemalige Bewohnerinnen planen gemeinsam ihre Freizeit. Für die Überprüfung der eigenen Wahrnehmung nutzen die Frauen ihre sozialen Kontakte. Schuhmacher beobachtet, dass die Frauen die geschlossenen Kontakte als wichtig erachten und sie versuchen, sie unabhängig von ihrer persönlichen Lebensentwicklung beizubehalten.

5.3 Verbleib und Lebensverlauf nach einem Frauenhausaufenthalt

Wie sich das Leben der Frauen nach dem Frauenhausaufenthalt entwickelt, ist sehr unterschiedlich. Die Frauenhausmitarbeiterinnen bieten die Arbeit mit ehemaligen Bewohnerinnen an. Die Frauen kehren beispielsweise zu ihren Partnern zurück oder gehen eine neue Partnerschaft ein.

5.3.1 Ehemaligenarbeit

Die Frauenhausmitarbeiterinnen bieten Ehemaligenarbeit an. Dieses Angebot wird positiv wahrgenommen und die Frauen nutzen es auch. Die Frauen suchen den Kontakt zum Frauenhaus aus eigener Initiative. Hingegen gibt es auch Frauen, die den Kontakt mit dem Frauenhaus nicht erhalten möchten, weil sie ihre Vergangenheit in Bezug auf die Gewaltbeziehung verdrängen. Die Frauen haben durch die Weiterbegleitung der Frauenhausmitarbeiterinnen Ansprechpartnerinnen. Sie können mit unterschiedlicher Art von Anliegen die Frauenhausmitarbeiterinnen um Unterstützung bitten. Die Unterstützung erfolgt allerdings auf der bereits erarbeiteten Basis. Es kann aber auch vorkommen, dass die Frauen neue schwierige Situationen erleben.

Einmal wöchentlich findet eine Bastelgruppe für ehemalige Bewohnerinnen statt. Die Frauen haben so Kontakt mit anderen ehemaligen Bewohnerinnen und können sich austauschen.

5.3.2 Wiederaufnahme der Partnerschaft

Das Angebot der Weiterbegleitung nach dem Frauenhausaufenthalt wird von den Frauen positiv wahrgenommen. Nehmen die Frauen die Beziehung zu ihrem Partner wieder auf, legen die Frauenhausmitarbeiterinnen ihnen die Nachteile dar. Sie bieten ihnen an, sie bei wiederkehrenden Trennungsabsichten erneut aufzunehmen. Es kann eine Form von verändertem Umgang in der Beziehung sein, wenn die Frauen wissen, an welchem Ort sie bei erneuter Partnerschaftsgewalt Unterkunft und Unterstützung erhalten würden. Diesbezüglich hat der Frauenhausaufenthalt den Frauen Vorteile gebracht. Sie wissen, dass sie ins Frauenhaus zurückkehren könnten und kennen die

Einrichtung. In der Praxis wird dies auch genutzt, denn oft haben sich die Beziehungen nicht verändert.

5.3.3 Neue Partnerschaft

Die Frauen müssen ihre Wünsche und Vorstellungen in Bezug auf Männer erkennen, damit die nächste Beziehung durch Gewaltfreiheit gekennzeichnet ist. Es ist notwendig, dass die Frauen vor der Partnerschaftsaufnahme die Männer auf Ansätze von Gewalt- und Machtverhalten studieren. Damit die Wahrscheinlichkeit der erneuten Partnerschaftsgewalt reduziert wird, wird während des Frauenhausaufenthaltes versucht, die Beziehungsmuster, Geschlechterbilder- und rollen zu identifizieren. Frauen sind in neuen Partnerschaften, die ebenfalls von Gewalt geprägt sind, geschützter, weil sie einen veränderten Beziehungsbegriff haben, Grenzüberschreitungen eher erkennen, die Gewalt weniger erdulden und aufmerksamer sind. Bei effektivem Frauenhausaufenthalt relativieren die Frauen in einer neuen Partnerschaft die Gewalt ihres Partners nicht, sondern sprechen mit anderen Menschen darüber. Sprechen über Gewalt stellt also eine positive Bewältigung dar. Frauen hinterfragen in neuen Partnerschaften eher Angelegenheiten und zweifeln Aussagen der Partner eher an.

"Er sagt immer, das wäre praktischer mit einem Konto. Er sagt, da würden doch Kontogebühren anfallen, aber das stimmt doch eigentlich gar nicht, oder? Also dass die Frauen dann auch so stutzig werden und nicht immer alles sofort selbstverständlich unter Liebe subsumieren, sondern dann auch, etwas hinterfragen und auch das Gefühl haben, sie haben auch mehr praktisches Wissen als vorher und in der neuen Beziehung auch nicht auf solche Fallen reinfallen." (M. Schuhmacher)

Frauen haben während ihres Frauenhausaufenthaltes gelernt, dass es keine Liebeserklärung ist, wenn ihre Partner versuchen sie zu isolieren und ihnen ihre Ressourcen nehmen. Wenn Gewalt Bestandteil einer neuen Beziehung ist, vollziehen die Frauen die Trennung früher als in der ersten Gewaltbeziehung. Dies hängt damit zusammen, dass sie Lösungsschritte kennen und wissen, wie sie die Trennung vollziehen können und von wem sie Unterstützung erfahren würden, vergleiche dazu Kapitel 4.2.3. Die Frauenhausmitarbeiterinnen vermitteln den Frauen, dass sie sich nicht zu schämen brauchen, wenn sich eine neue Partnerschaft ebenfalls zu einer Gewaltbeziehung entwickelt. Sie teilen den Frauen mit, dass sie erneut Unterkunft im Frauenhaus finden würden.

5.4 Zusammenfassung

Die Frauen werden während ihres Frauenhausaufenthaltes bei ihrer Gewaltbewältigung unterstützt. Dies erfolgt – wie auch schon in der Einführung dieses Kapitels beschrieben – auf aktivere und passivere Art. Die Frauen können ihre Gewalterfahrungen bewältigen, indem sie sie aufschreiben und positiven Aktivitäten nachgehen. Auch können sie im Frauenhaus lernen, sich zu wehren und bekommen Konfliktlösungsmodelle aufgezeigt. Während des Frauenhausaufenthaltes wird mit den Frauen innerhalb von Einzel- und Gruppengesprächen versucht, die Gewalt zu bewältigen. So können sie lernen, Erlebtes zu verbalisieren und das Bewusstsein dafür steigern. Neben der Gewalterfahrung haben die Gespräche auch andere Inhalte wie beispielsweise aktuelle Erlebnisse und Ängste der Frauen. Können die Frauenhausmitarbeiterinnen nicht allen Anliegen der Frauen gerecht werden, vermitteln sie sie an andere Institutionen. Einige Frauen lernen im Frauenhaus, dass sie durch staatliche Unterstützung die Gewalt bewältigen können. Erstatten die Frauen Anzeige gegen ihre Männer, dann haben sie zumindest gelernt, dass die Gewalt ihrer Partner gegen sie nicht gerechtfertigt ist und nicht relativiert werden darf. Das sind schon Inhalte der passiveren Gewaltbewältigung. Die Frauen lernen durch das Wechseln von Perspektiven, dass die Gewalt ihrer Partner nicht zu entschuldigen ist. Im Frauenhaus haben sie die Möglichkeit, sich von der Gewalt zu distanzieren. Durch Bewältigungsressourcen lernen sie unabhängig zu leben und schwierige Aufgaben zu bewältigen. Das Übernehmen von Eigenverantwortung bedeutet gewaltfrei leben zu können. Mit diesen Ressourcen können die Frauen die Gewalt zwar nicht direkt bewältigen, aber sie können ihre Gewaltbewältigungsformen optimieren. Dies gilt auch für im Frauenhaus entwickelte Freundschaften. Gemeinsam mit den Freundinnen können sie ihre eigenen Wahrnehmungen reflektieren. Was erfolgt nach dem Frauenhausaufenthalt? Es gibt Frauen, die nach dem Frauenhausaufenthalt eine neue Partnerschaft eingehen. Durch die weiterentwickelte und gelernte Gewaltbewältigung sind die Frauen in neuen Partnerschaften geschützter.

Fazit

Partnergewalt ist eine Form der Gewalt. Diese wird divergent erklärt. So unterliegt sie der Erklärung der strukturellen und symbolischen Gewalt. Strukturelle Gewalt bedeutet, dass die Gewalthandlungen nicht mehr auf Täterinnen und Täter zurückzuführen sind. Die Gewalt ist systematisch in unserer Gesellschaft verankert. Kennzeichen der strukturellen Gewalt sind ungleiche Machtchancen und die ungerechte Verteilung von Ressourcen. Warum kann Partnergewalt gegen Frauen strukturelle Gewalt sein? Bezeichnet wird dies als Gewalt im Geschlechterverhältnis. Liegt diese Art der Gewalt vor, kann von strukturellen Machtunterschieden zwischen den Geschlechtern gesprochen werden. Die Gewalt kann auf Grund des Geschlechts ausgeführt werden, weil dieses gegenüber dem anderen Geschlecht Nachteile hat. So sind Frauen oft wirtschaftlich schlechter gestellt als Männer. Um dies nochmal in Bezug zur strukturellen Gewalt zu setzen, kann angemerkt werden, dass Partnergewalt gegen Frauen also keine individuelle, sondern eine strukturelle Problematik ist. Die Täter sind zwar eindeutig identifizierbar, allerdings wird Partnergewalt gegen Frauen vor dem Hintergrund des gesellschaftlichen Wertebilds von Frauen und Männern ausgeübt. Die direkten Täter sind die Vollzieher der Gewalt, der indirekte Täter sind die Werte und Normen der Gesellschaft bzw. – die immer noch existierende Männerdominanz in dieser. Auch in der eigenen Erhebung wurden ähnliche Ergebnisse sichtbar. Männer sind (körperlich) stärker und oft wirtschaftlich besser gestellt. Auf Grund dieser Macht können sie befähigt sein, ihre Partnerinnen durch Gewalt zu dominieren. Daraus lässt sich schlussfolgern, dass es keine gleichberechtigte Gesellschaft geben wird, solange sich bestehende Wertesysteme nicht ändern.

Diese Grundsätze befolgen auch die wohl bedeutendsten Erklärungsansätze von Partnergewalt gegen Frauen, die feministischen und patriarchatskritischen Erklärungsansätze. Männer, deren Gewaltausübung mit patriarchalen Erklärungsansätzen zu begründen ist, unterdrücken ihre Partnerinnen. Diese Erklärungsansätze sind geprägt durch geschlechtsspezifische und gesellschaftliche Rollenzuweisungen und durch die Annahme einer privilegierten Stellung und der Macht der Männer über Frauen. Nach Romito könnten alle Männer davon profitieren, wenn sie wollten. Patriarchale Traditionen können eine Rechtfertigung für die Ausübung von Partnergewalt der Männer gegen ihre Partnerinnen sein. Diese Art der Gewaltausübung ist vorsätzlich und wird systematisch durchgeführt. Es würde nicht so viele weibliche Opfer geben, wenn lediglich lerntheoretische-, ressourcentheoretische- und stress-

und bewältigungstheoretische Ansätze als Hintergrund von Partnergewalt gegen Frauen existieren würden. Denn diese sind individueller und nicht struktureller Art. Allerdings muss hier angemerkt werden, dass lerntheoretische Ansätze zwar durch individuellen Charakter gekennzeichnet sind, diese aber auch Jungen Macht und die Anwendung dieser lehrt. Die Ressourcentheorie besagt, dass Gewalt ausgeübt wird, wenn der oder die Handelnde über wenig bis keine Ressourcen und Machtträger verfügt. Inhalt der Stress- und Bewältigungstheorie ist die Anwendung von Gewalt auf Grund von Stress und mangelnden Möglichkeiten diesen auszugleichen. Hier ist der Zusammenhang zu Bewältigungsressourcen zu erkennen, welche im zweiten Kapitel dargelegt wurden. Würden andere und effektive Ressourcen bestehen, müsste nicht oder weniger auf Gewalt zurückgegriffen werden. Diese beiden Erklärungsansätze lassen also keine Anzeichen auf ein gesellschaftliches Problem zu. Würde Gewalt nur auf Grund solcher Erklärungen ausgeführt werden, wäre die Anzahl der Betroffenen geringer, weil Individualität zwar begründet werden kann, aber nicht auf das gesamtgesellschaftliche Problem übertragen werden kann. Auch wäre dann die Geschlechtlichkeit der Vollzieher der Gewalt im Gleichgewicht. Damit der Gewaltbegriff vervollständigt werden kann, benötigt es noch die Beschreibung von Folgen, Rechtfertigungen, Zielen und Mitteln. Was sind die Folgen der Gewalt? Physische Probleme können sich ereignen in Form von Hämatomen, Knochenbrüchen, Herz-Kreislauf-Erkrankungen und Magen-Darm-Problemen. Frauen können psychische Folgen erleiden. Diese äußern sich z. B. durch Niedergeschlagenheit, geringes Selbstwertgefühl, Scham- und Schuldgefühle, Depressionen und posttraumatische Belastungsstörungen. Auch können die persönlichen Folgen psychosozialer Art sein. Dies inkludiert beispielsweise Umzug, Trennung vom Partner, zwischenmenschliche Probleme und Arbeitsplatzverlust. Folge kann auch Substanzmittelkonsum sein. Es bleibt die Frage offen, ob der Alkoholkonsum eine Folge der Partnergewalt ist oder ob er schon vor der Gewaltbeziehung bestand.

Relevant für die Beschäftigung mit Gewalt gegen Frauen und deren Bewältigung ist die gesellschaftliche Wahrnehmung der Problematik. Die Medien können allerdings – wie auch schon aus der Einleitung hervorgeht – die Wahrnehmung der Problematik Partnergewalt gegen Frauen beeinflussen. Was sind die Nachteile dessen? Bestehende Mythen und Vorurteile bezüglich der Problematik Partnergewalt gegen Frauen werden nicht aufgelöst. Das kommt wiederrum den Tätern entgegen, denn so wird ihr Machtverhalten nicht sichtbar. Tragen in der Wahrnehmung der Gesellschaft die Frauen die Schuld, können nicht die Männer als schuldig wahrgenommen werden. Auf Grund der gesellschaftlichen Präsenz des Themas reagiert der Staat, in dem er neue Gesetze, wie das Gewaltschutzgesetz, schafft. Die Medien haben die

Macht, politische Handlungen zu beeinflussen. Diese Beeinflussung kann als symbolische Gewalt bezeichnet werden. Das Gesetz kann zwar angewendet werden – dies ist aber auch nicht unbedingt gegeben – die Problematik wird so aber nicht bekämpft. Prävention von Partnergewalt wäre angebracht, weil so das Problem in seinem Ursprung bearbeitet werden könnte. Die Umsetzung ist jedoch schwierig. Es wäre angebracht, die Prävention umzusetzen und eine neue Studie dazu zu verwirklichen.

Die Betroffenen haben nicht die Wahl, wie sie die Gewalt bewältigen. Haben sie beispielsweise keine sozialen Kontakte, können sie mit niemandem darüber sprechen. Auch ist die Gewalt für Außenstehende nicht unbedingt sichtbar, so dass für sie kein Handlungsbedarf besteht. Sind die Frauen ökonomisch abhängig von ihren Partnern ist es für sie keine Option, sich zu trennen oder die Polizei einzuschalten. Diese Mechanismen erreichen die Männer durch die Anwendung psychischer, physischer, sexualisierter, ökonomischer und sozialer Gewalt. Eine zusammenfassende Definition von Bewältigung erleichtert das Verständnis. Bewältigung ist der Umgang mit schädlichen, kritischen, stressigen und bedrohlichen Situationen oder Lebenslagen. Die genannten Elemente müssen objektiv und subjektiv als schädlich, kritisch, stressig oder bedrohlich eingeschätzt werden, damit Bewältigung überhaupt in Frage kommt – allerdings überwiegt die Subjektivität. Dies steht auch im Zusammenhang mit der Änderung der Toleranzschwelle und der Relativierung und Verharmlosung von Gewalterfahrungen. Es ist möglich, dass Frauen die erlebte Gewalt nicht als Gewalt betrachten, sie verharmlosen oder relativieren. Betrachten sie diese allerdings nicht als Gewalt, ist dies subjektiv betrachtet keine Bewältigung, objektiv wird es aber als Form der Bewältigung eingeordnet. Subjektiv ist die Gewalt also keine Schädigung, objektiv hingehen schon. An dieser Stelle werden die Widersprüchlichkeiten des Bewältigungsbegriffs sichtbar. Die in der Einleitung aufgestellte These bezüglich der Effektivität von Bewältigung kann bestätigt werden. Mittels der durchgeführten Expertinneninterviews wurde herausgefunden, dass die betroffenen Frauen ihre Gewaltbewältigungsformen nur einsetzen, wenn sie erfolgsversprechend sind. Objektiv betrachtet ist nicht zu beurteilen, welche Bewältigungsform die effektivste ist. Dies ist u. a. von der schädlichen Situation, der Lebenslage oder der handelnden Person abhängig.

Nachfolgend werden die wichtigsten literarischen und empirischen Ergebnisse verglichen, denn in dieser Arbeit sollen bezüglich dessen Gemeinsamkeiten und Unterschiede festgestellt werden. So kann herausgefunden werden, inwieweit aussagekräftige Ergebnisse erzielt werden konnten. In der Literatur wird dieses Verfahren auch Induktion genannt. Der Schwerpunkt liegt hier auf der Bewältigung und der Gewaltbewältigung von Partnergewalt betroffener Frauen. Gewaltbewältigungsformen beschreiben, wie die Frauen mit der erlebten Partnergewalt umgehen. In der Literatur werden Modelle der Problemlösungsbewältigung genannt. Beispielsweise hat die problemfokussierte Bewältigung nach Lazarus und Folkman 1984 die Suche und Vergleiche von Alternativen zum Inhalt. In der Empirie konnte bestätigt werden, dass die von Partnergewalt betroffenen Frauen sich Alternativen zu der Gewaltbeziehung suchen. Sie versuchen das Verhalten ihrer Partner zu verändern und zu verbessern, so dass die Männer nicht mehr gewalttätig ihnen gegenüber reagieren. Dies steht auch im Zusammenhang mit dem Modell der Assimilation. Denn durch die Versuche, ihre Partner zu verändern, nähern sich die Frauen ihren persönlichen Zielen. Sie versuchen die Belastung (die Gewaltbeziehung) zu beenden, aber nicht durch Trennung, sondern durch eine Veränderung und Verbesserung der Partner. In der Empirie wird die Bewältigung der Beziehungsarbeit noch auf andere Weise beschrieben. Die Frauen erfüllen die Anforderungen der Täter. Dutton (2002) bezeichnet dieses als Entgegenkommen. Auch wird in der Empirie die Verantwortungsübernahme für die Partner als Bewältigungsmaßnahme beschrieben. Dies ist zwar auch Bestandteil des literarischen Teils, allerdings wird dies als Erklärungsansatz weiblicher Gewalterduldung dargestellt.

Die Trennung vom Partner ist auch eine Spezifizierung der problemfokussierten und assimilativen Bewältigung. In diesem Fall wird die Partnerschaft nicht verändert, sondern beendet. Sie wird in der Literatur von allen drei zu diesem Thema herangezogenen Autorinnen und Autoren als Gewaltbewältigung von Partnergewalt betroffener Frauen beschrieben. Warum verlassen die Frauen ihre Partner nicht? Die Erkenntnisse die zur Beantwortung dieser Frage benötigt werden, stimmen in empirischen und literarischen Ergebnissen lediglich auf zwei Punkten überein. So verlassen Frauen ihren gewalttätigen Partner, wenn Männer subjektive Grenzen überschreiten, sich die Gewalt steigert oder eskaliert. Die Ergebnisse der Empirie sind diesbezüglich größer. Die theoretischen und empirischen Erklärungsansätze weiblicher Gewalterduldung sind nur teilweise übereinstimmend. Zu nennen sind hier die Abhängigkeit der Frauen, ein eingeschränktes soziales Netzwerk, das Vorhandensein liebenswerter Charakterzüge der Partner und die Liebesgefühle der Frauen, die nicht aufgegeben werden wollen.

Die Gewalt kann auch bewältigt werden durch aggressives Verhalten gegenüber Dritten. Dem empirischen Teil können die Ziele des aggressiven Verhaltens entnommen werden. Es wurde auch noch herausgefunden, dass wenige Frauen Gewalt gegen ihre Kinder ausüben.

Im empirischen Teil werden reaktive Bewältigungsformen beschrieben. Dazu finden sich in der Literatur Erklärungen. Bewältigung kann, so Lazarus (1991), mit biologisch begründetem Verhalten in Zusammenhang gebracht werden. Beispielsweise greifen die Akteurinnen und Akteure an oder flüchten. Die Konkretisierung ist sowohl in literarischen als auch empirischen Befunden dieser Arbeit zu finden. Die Frauen wehren sich gegen die Gewalt ihrer Partner. Ein Beispiel konkretisiert dies. Dutton (2002) erklärt, dass die Frauen sich zum Selbstschutz gegen ihre Partner wehren. Ihnen fällt dies aber auf Grund der körperlichen Überlegenheit der Männer schwer. In der Empirie wird genau das bestätigt. Gemünden (1996) beschreibt den körperlichen Einsatz als Strategie, denn er äußert, dass die Frauen Gewalt gegen ihre Partner als Rache einsetzen. Auch wenn Dutton die Bewältigung der Wehr als Strategie beschreibt, wird dennoch deutlich, dass sie reaktive Bewältigung meint. Bewältigungsstrategien werden bewusst eingesetzt. Das Wehren der Frauen steht hingegen im Zusammenhang mit Emotionen. Angst ist die Emotion, mit welcher das Wehren der Frauen begründet werden könnte. Neben der Wehr wird z. B. noch das Fluchtverhalten als reaktive Bewältigung beschrieben.

Daneben bestehen unterstützende Bewältigungsformen. Das kann sowohl mittels der Literatur als auch mittels der Empirie bestätigt werden. Frauen suchen Beratungsstellen oder Frauenhäuser auf oder konsultieren eine Anwältin oder einen Anwalt. Diesbezüglich ist in der Literatur gewonnenes Material genauer.

In der Literatur werden Modelle der emotionszentrierten Bewältigung dargestellt. Diesen können auch empirische Befunde zugeordnet werden, so z. B. die Relativierung und Entschuldigungen für Gewalt. Denn diese beiden Bewältigungsmöglichkeiten gehen das Problem nicht direkt an, sondern ändern bestehende Ziele bezüglich des Problems. Die Bedeutungen werden geändert. Das Modell der Akkommodation hat ähnlichen Charakter. Wie passen diese Modelle zu der Relativierung der Gewalt? Die Frauen relativieren und verharmlosen die Gewalt. Sie stellt nach dieser Definition für die Frauen kein Problem dar und muss dementsprechend nicht anders bewältigt werden. In der Literatur besteht diese Form der Bewältigung auch. Sie wird aber unterschiedlich bezeichnet. Gemünden (1996) bezeichnet dies als Strategie der Normalisierung. Dann wird die Gewalt als normal definiert und ist somit kein Problem. Auch nennt er an dieser Stelle die Strategie der Bagatellisierung. Die Gewalt wird verharmlost. Auch Dutton (2002) sagt, dass die Frauen die Gewalt verharmlosen. Gemünden (1996) und Dutton (2002) äußern auch noch, dass die Frauen ihre Toleranzschwelle ändern. Dies geht auch aus dem empirischen Teil der Arbeit hervor. Wie passt das Muster der Entschuldigungen zu den beschriebenen Modellen? Die Frauen bewältigen die Gewalt ihrer Partner in dem sie die Gewalt versuchen zu verstehen. Wie ist die Umsetzung? In der Empirie wurde herausgefunden, dass die Frauen Entschuldigungen für die Gewalt suchen. Entweder suchen sie die Schuld bei sich, bei ihren Kindern, im Umfeld oder im Alkoholkonsum der Männer. Gemünden (1996) nennt ähnliche Entschuldigungen. Zu dem Muster der Entschuldigungen besteht im theoretischen Teil noch eine allgemeinere Erklärung. Voraussetzung für das Bewältigen eines belastenden Ereignisses ist das Verstehen dessen. Können Menschen keine Ursachen ermitteln, kann es sein, dass sie die Verantwortung für das Geschehene übernehmen, um einen Grad der Kontrolle zu besitzen.

Im empirischen Teil konnten bezüglich des Bewältigungsmodells der Ignoranz auch literarische Ergebnisse bestätigt werden. Frauen verdrängen bzw. leugnen die Gewalt. Bewältigung ist allerdings auch die Unterdrückung und Regulierung von negativen Emotionen, die im Zusammenhang mit dem kritischen Ereignis stehen. Wo ist an dieser Stelle der Zusammenhang zur Empirie zu erkennen? Frauen versuchen die Angst vor ihren Partnern und die Angst vor erneuter Gewalt zu vermeiden. Die Vermeidung ist Teil der emotionszentrierten Bewältigung nach Lazarus und Folkman (1984). Dutton (2002) beschreibt Vermeidung als Bewältigungsmöglichkeit Gewalt betroffener Frauen. Sie formuliert, die Frauen verhielten sich ihren Partnern gegenüber unauffällig, um keine weitere Gewalt zu erfahren. Auch im empirischen Teil wird unauffälliges Verhalten als eine Form der vermeidenden Bewältigung betrachtet.

In der Empirie wurde herausgefunden, dass die Frauen die Gewalt ihrer Partner bewältigen, indem sie sie ertragen. In der Literatur bestehen diesbezüglich eher ungenaue Ergebnisse. Denn es wird nur erwähnt, dass die Frauen auf aktive Handlungen verzichten. Jedoch kann es sein, dass die Frauen ihre Partner beruhigen und ihnen nicht widersprechen. Hier sind also nur eingeschränkte Gemeinsamkeiten ersichtlich.

Gemünden (1996) stellt die Abhängigkeit der Gewaltbewältigung beispielsweise in Zusammenhang mit dem Lernen in der Herkunftsfamilie. Die Wahl der Bewältigungsform hängt von den vorhandenen Umweltbedingungen ab. Im empirischen Teil der Arbeit konnte noch ein interessantes Ergebnis erzielt werden, welches die Annahme aus der Einleitung bestätigt, dass die Frauen nicht unbedingt die Möglichkeit

Fazit

haben, die Gewalt zu bewältigen. Die Inanspruchnahme kann von gegebenen Umweltbedingungen und dem Wissen über bestimmte Bewältigungsformen abhängen. Auch können die Frauen die Gewalt nicht abwenden, nur die Täter haben Einfluss darauf. Es kann sein, dass die Täter die Gewaltausübung einstellen, wenn die Frauen sich wehren. Es kann hingegen aber auch sein, dass sie die Gewaltausübung steigern, wenn sie sich wehren. Die Frauen können trotz des Ziels der Gewaltbeendigung die Gewalt nicht beeinflussen. Teilweise sind auch die Ziele der Gewaltbewältigung, die in Literatur und Empirie erarbeitet wurden, übereinstimmend, so z. B. Selbstschutz, Beendigung der Gewalt und Optimierung der Bewältigung. Dadurch, dass aber auch unterschiedliche Ziele erarbeitet werden konnten, bildet sich ein großes Spektrum.

Aus der Literatur geht hervor, dass belastende Umstände effizienter bewältigt werden können, wenn die Agierenden über Ressourcen verfügen. Auch bezüglich der Bewältigungsressourcen kann nochmal bestätigt werden, dass Literatur und Empirie an vielen Stellen dieser Arbeit übereinstimmen, so wird an beiden Stellen die gesellschaftliche Präsenz der Problematik Partnergewalt gegen Frauen thematisiert und als positiv betrachtet. Auch soziale Kontakte und soziale Unterstützung werden in Literatur und Empirie als Bewältigungsressource beschrieben. Allerdings werden auch die Übereinstimmungen bezüglich der negativen Unterstützung der Gewaltbewältigung sichtbar. So kann soziale Unterstützung als negativ betrachtet werden, wenn die Unterstützenden nicht angemessen auf die Gewalt reagieren.

Die Darstellungen in dieser Arbeit führen zu dem Ergebnis, dass von Partnergewalt betroffene Frauen über die Einrichtung Frauenhaus erreicht werden können. Die Betroffenen können dort gemeinsam mit den Frauenhausmitarbeiterinnen ihre Gewaltbewältigung verbessern und weiterentwickeln. Aus den unten stehenden Ergebnissen, zusammengefasst aus literarischen und empirischen Erkenntnissen, ergeben sich Handlungsempfehlungen und Anregungen für Frauenhausmitarbeiterinnen.

Erlebnisse aufschreiben

Den Frauen könnte aufgezeigt werden, dass sie ihre Erlebnisse aufschreiben können, um die Gewalt zu bewältigen und um neue Strategien und Lebensentwürfe zu entwickeln.

Positive Aktivitäten

Mit den Frauen können positive Aktivitäten gemacht werden. Dies könnten z. B. Kreativgruppen, Tagesausflüge und der Besuch von Kulturveranstaltungen sein. Durch solche Aktivitäten können die Frauen mehr Kraft erhalten, ihre Lebensfreude kann gesteigert werden und die allgemeine Frauenhausatmosphäre kann verbessert werden.

Selbstverteidigungskurse

Appelt et al. (2004) äußern, dass es sinnvoll sei, wenn Selbstverteidigungskurse Bestandteil der Frauenhausarbeit seien. Die befragten Frauenhausmitarbeiterinnen üben mit den Frauen Angriffe von ihren Partnern abzuwehren. Hier ist festzustellen, dass das in der Theorie Geforderte in der Praxis umgesetzt wird. Dies könnte auch eine Anregung und Erweiterung für die Arbeit in anderen Frauenhäusern sein.

Beratung

Auch wenn in allen Frauenhäusern Beratungen angeboten werden, gibt es verschiedene Varianten von Beratungen, die eventuell umgesetzt werden könnten. Es ist beispielsweise möglich Beratung in Form von Einzel- oder Gruppenberatung anzubieten. Teils kann es auch sinnvoll sein, wenn während der Beratung noch eine andere Bewohnerin anwesend ist. Es wäre auch eine Überlegung wert, ob Beratungen ausschließlich mit Bezugspädagoginnen stattfinden.

Weitervermittlung

Falls Frauenhausmitarbeiterinnen nicht allen Anliegen der Frauen gerecht werden können, ist es möglich, dass Frauenhausmitarbeiterinnen den Bewohnerinnen dazu raten, neben dem Frauenhaus noch andere Institutionen in Anspruch zu nehmen. Andere Hilfseinrichtungen können die Frauenhausmitarbeiterinnen den Frauen darstellen und sie können die Frauen bei der Kontaktaufnahme unterstützen.

Anzeigenerstattung

Im Frauenhaus könnte den Frauen aufgezeigt werden, dass sie die Möglichkeit einer Anzeigenerstattung haben, wenn sie diese Form der Bewältigung bisher nicht beansprucht haben. Welche Effekte könnte eine Anzeige haben? Frauen können ihre Partner anzeigen, wenn sie Verantwortungsübernahme der Täter, Gerechtigkeit und Schutz erreichen wollen. Sie können das Gefühl der eigenen Handlungswirksamkeit erreichen und externe Hilfe empfangen. Allerdings sprechen auch Gründe gegen eine Anzeige: Mythen und Vorurteile, eine starke Täter-Opfer-Beziehung, Befürchtung der Anzweiflung der Aussage durch die Polizei, Steigerung der Gewalt, keine Möglichkeit mehr der Wiederaufnahme der Beziehung und keine Chance mehr auf Änderung der Partner. Jede Frauenhausmitarbeiterin muss also für sich überlegen, ob sie von Partnergewalt betroffenen Frauen zu einer Anzeige rät.

Fazit 139

Entschuldigungen widerlegen und Bewusstsein für Gewalt schaffen

Es ist sinnvoll die Gewaltbewältigung der Frauen im Frauenhaus zu optimieren. Die Frauenhausmitarbeiterinnen könnten den Frauen das Bewusstsein dafür schaffen, dass es sich bei den Angriffen der Täter um Gewalt handelt und ihnen erklären, dass diese nicht gerechtfertigt ist. Die Frauen sollten also bei der Einschätzung der Gewalterfahrung unterstützt werden, damit die Betroffen diese angemessen bewältigen können. Durch einen Perspektivwechsel kann den Frauen deutlich gemacht werden, dass keine Entschuldigungen für Gewalt bestehen.

Selbstständigkeit unterstützen

Die Institutionen Frauenhaus bietet die Möglichkeit den Frauen Selbstständigkeit zu lehren. Die Betroffenen können durch das Übernehmen von kollektiven Aufgaben lernen, Verantwortung zu übernehmen. Sie sollten während ihres Frauenhausaufenthaltes ihren Alltag selbstständig bewältigen und eigene Entscheidungen treffen, damit sie nach dem Frauenhausaufenthalt ein eigenständiges Leben führen können.

Erleben von Frauen mit ähnlichen Erlebnissen und Bildung von sozialen Kontakten

Da die Frauen während ihres Frauenhausaufenthaltes die Möglichkeit haben, Frauen mit ähnlichen Erlebnissen zu erleben, ist es sinnvoll Gruppenaktivitäten anzubieten. Durch das Erleben von Frauen mit ähnlichen Erlebnissen und durch die gemeinsame Reflexion der Erlebnisse in Gruppensituationen, haben die Frauen die Möglichkeit festzustellen, dass die Gewalterfahrungen kein Einzelschicksal darstellen, sondern eine strukturelle und vielverbreitete Problematik sind. Im Frauenhaus haben die Frauen die Gelegenheit sich untereinander auszutauschen. So können sie auch ihre angewandte Gewaltbewältigung reflektieren. Es ist möglich, dass sich unter den Frauenhausbewohnerinnen Freundschaften entwickeln.

Wenn diese Handlungsempfehlungen und Anregungen Frauenhausmitarbeiterinnen bekannt sind, kann dies eine Bestätigung für ihre Vorgehensweisen sein.

Was erfolgt nach dem Frauenhausaufenthalt? Im empirischen Teil der Arbeit konnte bestätigt werden, dass auch die Arbeit mit ehemaligen Bewohnerinnen angeboten wird. Wie sind die Ergebnisse in Hinblick auf neue Partnerschaften? Die Aussage von Hantel-Quintman (2012), dass Frauen (wiederholt) gewaltgeprägte Partnerschaften eingehen, um ihrem Selbstwert gerecht zu werden, kann von Dutton (2002) annähernd bestätigt werden. Sie sagt, dass das Selbstwertgefühl der Frauen so beeinträchtigt ist, dass sie die Gewalt ihrer Partner als gerechtfertigt empfinden. Sie bezieht dies allerdings nicht auf neue Partnerschaften. Auf Grund ihrer Erklärung ist dies aber grundsätzlich möglich. Die Ergebnisse des empirischen Teils sind anders.

Ob Frauen wiederholt Partner treffen, die gewalttätig sind, hängt mit Beziehungsmustern, Geschlechterbildern und -rollen zusammen und mit der Art der Bewältigung. Sind diese positiv geprägt bzw. stehen im Widerspruch zu gewaltfördernden Geschlechterrollen, kann festgehalten werden, dass die Frauen die Gewalt schneller erkennen. Blockierende Gewaltbewältigungsformen werden während eines Frauenhausaufenthaltes dezimiert und positive Bewältigungsformen, Beziehungsmuster und Geschlechterrollen werden erarbeitet. Ein Frauenhausaufenthalt war effektiv, wenn die Frauen diese in neuen Partnerschaften anwenden können bzw. wenn sie insoweit geschult sind, dass sie Ansätze von Macht- und Gewaltverhalten im Voraus erkennen.

Neben den kenntlich gemachten Unterschieden, sind in der eigenen Erhebung Ergebnisse entstanden, welche nicht Bestandteil der literarischen Erarbeitung sind. Abhängig ist die Gewaltbewältigung neben den genannten Kriterien noch von institutioneller Bildung. Die Gewaltbewältigung wird negativ beeinflusst, wenn die Täter ein positives Feedback erhalten und sie sich in der Öffentlichkeit anders verhalten als in der Partnerschaft. Es wurde nachgewiesen, dass die Frauen im Frauenhaus auch die Möglichkeit des Rückzugs wählen, um mit der Gewalt ihrer Täter umzugehen. Dies sind allerdings nur die wesentlichsten bzw. auffälligsten Unterschiede. Sie müssten in einer weitergehenden Studie nochmal mit anderen Ergebnissen verglichen werden, um nachzuweisen, ob neue Erkenntnisse erzielt wurden. Dies ist auch wichtig, weil dieser wissenschaftlichen Arbeit nur eine kleine Studie zu Grunde liegt.

Abschließend lässt sich festhalten, dass die Gewaltbewältigung von Partnergewalt betroffener Frauen sehr vielfältig ist, von unterschiedlichen Faktoren abhängt und auch von unterschiedlichen Kriterien beeinflusst wird.

Literaturverzeichnis

Antonovsky, Aaron (1997): Salutogenese. Zur Entmystifizierung der Gesundheit. Tübingen: dgvt.

Appelt, Birgit; Kaselitz, Vera; Logar, Rosa (Hrsg.) (2004): Ein Weg aus der Gewalt. Handbuch zum Aufbau und zur Organisation eines Frauenhauses. Wien. Online: http://www.endvawnow.org/uploads/browser/files/Away%20from%20Violence%20Women%20Refuge_German.pdf (24.08.2014).

Appelt, Birgit; Höllriegel, Angelika; Logar, Rosa (2001): Gewalt gegen Frauen und ihre Kinder. In: Bundesministerium für Soziale Sicherheit und Generationen (Hrsg.): Gewalt in der Familie. Gewaltbericht 2001. Von der Enttabuisierung zur Professionalisierung. Wien. S. 377-502. Online: http://de.wikimannia.org/images/Bericht-zu-Gewalt-in-der-Familie-AT.pdf#page=37 (24.08.2014).

Bamberg, Eva; Busch, Christine; Ducki, Antje (2003): Stress- und Ressourcenmanagement. Strategien und Methoden für die neue Arbeitswelt. Bern. Göttingen. Toronto. Seattle: Hans Huber.

Bauriedl, Thea (2001): Wege aus der Gewalt. Die Befreiung aus dem Netz der Feindbilder. Freiburg im Breisgau: Herder.

Becker, Ruth (2013): Das Leben im Frauenhaus. Ergebnisse einer Befragung zur Zufriedenheit von Bewohnerinnen Autonomer Frauenhäuser in Nordrhein-Westfalen. In: Landesarbeitsgemeinschaft Autonomer Frauenhäuser NRW e.V. (Hrsg.). Duisburg: WAZ.

Benikowski, Bernd; Willeke, Rita (2012): Frauenhäuser und Interkulturelle Öffnung. In: Griese, Christiane; Marburger, Helga (Hrsg.): Interkulturelle Öffnung. Ein Lehrbuch. München: Oldenbourg. S. 225-238.

Bergdoll, Karin; Namgalies-Treichler (1987): Frauenhaus im ländlichen Raum. Schriftenreihe des Bundesministers für Jugend, Familie, Frauen und Gesundheit. Band 198. Stuttgart. Berlin. Köln. Mainz: Kohlhammer.

Berger, Doris (2010): Wissenschaftliches Arbeiten in den Wirtschafts- und Sozialwissenschaften. Hilfreiche Tipps und praktische Beispiele. Wiesbaden: Gabler.

Bierhoff, Hans-Werner (2006): Sozialpsychologie. Ein Lehrbuch. 6. Auflage. Stuttgart: Kohlhammer.

Bogner, Alexander; Menz, Wolfgang (2009): Experteninterviews in der qualitativen Sozialforschung. Zur Einführung in eine sich intensivierende Methodendebatte. In: Bogner, Alexander; Littig, Beate; Menz, Wolfgang (Hrsg.): Experteninterviews. Theorien, Methoden, Anwendungsfelder. 3. Auflage. Wiesbaden: VS. S. 7- 31.

Böhnisch, Lothar (2010): Abweichendes Verhalten. Eine pädagogisch-soziologische Einführung. 4. Auflage. Weinheim. München: Juventa.

Bourdieu, Pierre (2005): Die verborgenen Mechanismen der Macht. Hamburg: VSA.

Bourdieu, Pierre; Passeron, Jean-Claude (1973): Grundlagen einer Theorie der symbolischen Gewalt. Frankfurt am Main: Suhrkamp.

Brandau, Heidrun; Ronge, Karin (1997): Gewalt gegen Frauen im häuslichen Bereich. Alte Ziele – Neue Wege. In: BIG e.V. Berliner Initiative gegen Gewalt gegen Frauen. 2. Auflage. Berlin. S. 3-17. Online: http://www.big-berlin.info/sites/default/files/medien/big_broschuere1.pdf (24.08.2014).

Brandtstädter, Jochen (2011): Positive Entwicklung. Zur Psychologie gelingender Lebensführung. Heidelberg: Spektrum.

Brownmiller, Susan (1991): Gegen unseren Willen – Vergewaltigung und Männerherrschaft. Frankfurt am Main: Fischer.

Brückner, Margit (2009): Gewalt in Paarbeziehungen. In: Lenz, Karl; Nestmann, Frank (Hrsg.): Handbuch persönliche Beziehungen. Weinheim. München: Juventa. S. 791-811.

Brückner, Margit (2001): Geschlechterverhältnisse im Spannungsfeld von Liebe, Fürsorge und Gewalt. In: Brückner, Margit; Böhnisch, Lothar (Hrsg.): Geschlechterverhältnisse. Gesellschaftliche Konstruktionen und Perspektiven ihrer Veränderung. Weinheim. München: Juventa. S. 119-178.

Brückner, Margit (1987): Die janusköpfige Frau. Lebensstärken und Beziehungsschwächen. Frankfurt am Main: Neue Kritik.

Brüsemeister, Thomas (2008): Qualitative Forschung. Ein Überblick. 2. Auflage. Wiesbaden: VS.

Brzank, Petra (2012): Wege aus der Partnergewalt. Frauen auf der Suche nach Hilfe. Wiesbaden: Springer VS.

Literaturverzeichnis 143

Buerschaper, Cornelius (2000): Strategisches Denken beim Umgang mit komplexen Problemen. Computersimulierte Szenarien im Forschungs- und Trainingskontext. In: Herz, Dietmar; Blätte, Andreas: Simulation und Planspiel in den Sozialwissenschaften. Eine Bestandsaufnahme der internationalen Diskussion. Münster. Hamburg. London: LIT. S. 145-180.

Bundeskriminalamt (Hrsg.) (2013): Polizeiliche Kriminalstatistik 2012 Bundesrepublik Deutschland. 60. Ausgabe. Wiesbaden. Online: http://www.bmi.bund.de/SharedDocs/Downloads/DE/Broschueren/2013/PKS2012.pdf?__blob=publicationFile (24.08.2014).

Bundeskriminalamt (Hrsg.) (2012): Polizeiliche Kriminalstatistik 2011 Bundesrepublik Deutschland. 59. Ausgabe. Wiesbaden. Online: http://www.bmi.bund.de/SharedDocs/Downloads/DE/Broschueren/2012/PKS2011.pdf?__blob=publicationFile (24.08.2014).

Bundesministerium für Familie, Senioren, Frauen und Jugend (Hrsg.) (2013): Bericht der Bundesregierung zur Situation der Frauenhäuser, Fachberatungsstellen und anderer Unterstützungsangebote für gewaltbetroffene Frauen und deren Kinder. 2. Auflage. Berlin. Online: http://www.bmfsfj.de/RedaktionBMFSFJ/Broschuerenstelle/Pdf-Anlagen/Bericht-der-Bundesregierung-zur-Situation-der-Frauenh_C3_A4user,property=pdf,bereich=bmfsfj,sprache=de,rwb=true.pdf (24.08.2014).

Bundesministerium für Familie, Senioren, Frauen und Jugend (2012): Aktionsplan II der Bundesregierung zur Bekämpfung von Gewalt gegen Frauen. 4. Auflage. Berlin. Online: http://www.bmfsfj.de/RedaktionBMFSFJ/Broschuerenstelle/Pdf-Anlagen/aktionsplan-II-zur-bek_C3_A4mpfung-von-gewalt-gegen-frauen,property=pdf,bereich=bmfsfj,sprache=de,rwb=true.pdf (24.08.2014).

Bundesministerium für Familie, Senioren, Frauen und Jugend (1999): Aktionsplan der Bundesregierung zur Bekämpfung von Gewalt gegen Frauen. Online: http://www.bmfsfj.de/RedaktionBMFSFJ/Abteilung4/Pdf-Anlagen/gewalt-aktionsplan-gewalt-frauen-ohne-vorwort,property=pdf,bereich=bmfsfj,sprache=de,rwb=true.pdf (24.08.2014).

Buskotte, Andrea (2007): Gewalt in Partnerschaften. Ursachen – Auswege – Hilfen. Düsseldorf: Patmos.

Butcher, James N.; Mineka, Susan; Hooley, Jill M. (2009): Klinische Psychologie. München: Pearson Studium.

Christ, Michaela; Gudehus, Christian (2013): Gewalt – Begriffe und Forschungsprogramme. In: Gudehus, Christian; Christ, Michaela (Hrsg.): Gewalt. Ein interdisziplinäres Handbuch. Stuttgart: J.B. Metzler'sche Verlagsbuchhandlung und Carl Ernst Poeschel. S. 1-15.

Dittmar, Norbert (2009): Transkription. Ein Leitfaden mit Aufgaben für Studenten, Forscher und Laien. 3. Auflage. Wiesbaden: VS.

Dlugosch, Sandra (2010): Mittendrin oder nur dabei? Miterleben häuslicher Gewalt in der Kindheit und seine Folgen für die Identitätsentwicklung. Wiesbaden: VS.

Dobash, Russell P.; Dobash, R. Emerson (2002): Gewalt in heterosexuellen Partnerschaften. In: Heitmeyer, Wilhelm; Hagan, John (Hrsg.): Internationales Handbuch der Gewaltforschung. Wiesbaden: Westdeutscher Verlag. S. 921-941.

Du Bois, Susanne (2000): Zwischen Frauensolidarität und Überforderung – Grundlagen und Methoden in der Frauenhausarbeit –. In: Du Bois, Susanne; Hartmann, Petra: Neue Fortbildungsmaterialien für Mitarbeiterinnen im Frauenhaus. Zwischen Frauensolidarität und Überforderung – Grundlagen und Methoden in der Frauenhausarbeit –. Schriftenreihe des Bundesministeriums für Familie, Senioren, Frauen und Jugend. Band 191.2. Stuttgart: Kohlhammer. S. 15-343.

Dutton, Mary Ann (2002): Gewalt gegen Frauen. Diagnostik und Intervention. Bern. Göttingen. Toronto. Seattle: Hans Huber.

Egger, Renate; Fröschl, Elfriede; Lercher, Lisa; Logar, Lisa; Sieder, Hermine (1997): Gewalt gegen Frauen in der Familie. 2. Auflage. Wien: Verlag für Gesellschaftskritik.

Eppel, Heidi (2007): Stress als Chance und Risiko. Grundlagen von Belastung, Bewältigung und Ressourcen. Stuttgart: Kohlhammer.

Esser, Hartmut (2005): Affektuelles Handeln: Emotionen und das Modell der Frame-Selektion. In: SonderForschungsBereich504. Rationalitätskonzepte, Entscheidungsverhalten und ökonomische Modellierung. Heft 05-15. S. 1-35. Online: https://ub-madoc.bib.uni-mannheim.de/2661/1/dp05_15.pdf (24.08.2014).

Filipp, Sigrun-Heide; Aymanns, Peter (2010): Kritische Lebensereignisse und Lebenskrisen. Vom Umgang mit den Schattenseiten des Lebens. Stuttgart: Kohlhammer.

Flick, Uwe (2009): Qualitative Sozialforschung. Eine Einführung. 2. Auflage. Reinbek: Rowohlt.

Flöttmann, Holger B. (2005): Angst. Ursprung und Überwindung. 5. Auflage. Stuttgart: Kohlhammer.

Froschauer, Ulrike; Lueger, Manfred (2003): Das qualitative Interview. Zur Praxis interpretativer Analyse sozialer Systeme. Wien: WUV.

Galtung, Johan (1975): Strukturelle Gewalt. Beiträge zur Friedens- und Konfliktforschung. Reinbek: Rowohlt Taschenbuch.

Gelles, Richard J. (2002): Gewalt in der Familie. In: Heitmeyer, Wilhelm; Hagan, John (Hrsg.): Internationales Handbuch der Gewaltforschung. Wiesbaden: Westdeutscher Verlag. S. 1043-1077.

Gemünden, Jürgen (1996): Gewalt gegen Männer in heterosexuellen Intimpartnerschaften. Ein Vergleich mit dem Thema Gewalt gegen Frauen auf der Basis einer kritischen Auswertung empirischer Untersuchungen. Marburg: Tectum.

Gerlach, Kathrin (2013): Häusliche Gewalt. In: Grassberger, Martin; Türk, Elisabeth E. (Hrsg.): Klinisch-forensische Medizin. Interdisziplinärer Praxisleitfaden für Ärzte, Pflegekräfte, Juristen und Betreuer von Gewaltopfern. Wien. New York: Springer. S. 227-242.

Gerring, Richard J.; Zimbardo, Philip G. (2008): Psychologie. 18. Auflage. München: Pearson Studium.

GiG-net (Hrsg.) (2008): Gewalt im Geschlechterverhältnis. Erkenntnisse und Konsequenzen für Politik, Wissenschaft und soziale Praxis. Opladen. Farmington Hills: Barbara Budrich.

Gläser, Jochen; Laudel, Gritt (2010): Experteninterviews und qualitative Inhaltsanalyse. 4. Auflage. Wiesbaden: VS.

Gloor, Daniela; Meier, Hanna (2013): Gewalt in Partnerschaft und Alkohol. Häufigkeit einer Dualproblematik, Muster und Beratungssettings. Studie im Auftrag des Bundesamtes für Gesundheit. In: Social Insight GmbH. Forschung. Evaluation. Beratung. Schinznach-Dorf. S. 4-148. Online: http://www.news.admin.ch/NSBSubscriber/message/attachments/30687.pdf (24.08.2014).

Godenzi, Alberto (1994): Gewalt im sozialen Nahraum. 2. Auflage. Basel. Frankfurt am Main: Helbing Lichtenhahn.

Goode, William J. (1971): Force and Violence in the Family. In: Journal of Marriage and the Family. Vol. 33. No. 4. Special Double Issue: Violence and the Family and Sexism in Family Studies. Part 2 (Nov. 1971). pp. 624-636.

Greve, Werner (1997): Sparsame Bewältigung – Perspektiven für eine ökonomische Taxonomie von Bewältigungsformen. In: Tesch-Römer, Clemens; Salewski, Christel; Schwarz, Gudrun (Hrsg.): Psychologie der Bewältigung. Weinheim: Psychologie Verlags Union. S. 18-41.

Hagemann-White, Carol; Lang, Heidi, Lübbert, Jutta; Rennefeld, Brigitta (1997): Strategien gegen Gewalt im Geschlechterverhältnis. Bestandsanalyse und Perspektiven. In: Hagemann-White, Carol; Kavemann, Barbara; Ohl, Dagmar: Parteilichkeit und Solidarität. Praxiserfahrungen und Streitfragen zur Gewalt im Geschlechterverhältnis. Schriftenreihe des Instituts Frau und Gesellschaft. Band 27. Bielefeld: Kleine. S. 15-116.

Hagemann-White, Carol; Kavemann, Barbara; Kootz, Johanna; Weinmann, Ute; Wildt, Carola C.; Burgard, Roswitha, Scheu, Ursula (1981): Hilfen für mißhandelte Frauen. Abschlußbericht der wissenschaftlichen Begleitung des Modellprojekts Frauenhaus Berlin. Stuttgart. Berlin. Köln. Mainz: Kohlhammer.

Hanak, Gerhard; Stehr, Johannes; Steinert, Heinz (1989): Ärgernisse und Lebenskatastrophen. Über den alltäglichen Umgang mit Kriminalität. Bielefeld: AJZ.

Hantel-Quitmann, Wolfgang (2012): Der Geheimplan der Liebe. Zur Psychologie der Partnerwahl. Freiburg im Breisgau: Herder.

Hartwig, Luise; Weber, Monika (2000): Parteilichkeit als Konzept der Mädchen- und Frauenarbeit. In: Hartwig, Luise; Merchel, Joachim (Hrsg.): Parteilichkeit in der Sozialen Arbeit. Band 4. Forschung, Studium und Praxis. Schriften des Fachbereichs Sozialwesen der Fachhochschule Münster. Münster: Waxmann. S. 25-48.

Hasselhorn, Marcus; Gold, Andreas (2013): Pädagogische Psychologie. Erfolgreiches Lernen und Lehren. 3. Auflage. Stuttgart: Kohlhammer.

Heinz, Alexandra (2002): Jenseits der Flucht. Neue Interventionsprojekte gegen häusliche Gewalt im Vergleich. Opladen: Leske+Budrich.

Helfferich, Cornelia (2005): Qualität qualitativer Daten. Manual für die Durchführung qualitativer Interviews. 2. Auflage. Wiesbaden: VS.

Helfferich, Cornelia (2004): Abschlussbericht zum 30.10.2004. Forschungsprojekt. Wissenschaftliche Untersuchung zur Situation von Frauen und zum Beratungsangebot nach einem Platzverweis bei häuslicher Gewalt. „Platzverweis – Beratung und Hilfen". Im Auftrag des Sozialministerium Baden-Württemberg. In: Sozialwissenschaftliches FrauenForschungsInstitut der Kontaktstelle praxisorientierte Forschung. Freiburg. S. 8-163. Online: http://www.sozialministerium.de/sixcms/media.php/1442/Platzverweis-Forschungsprojekt-Abschlussbericht2004.pdf (24.08.2014).

Hellbernd, Hilde; Brzank, Petra; May, Angelika; Maschewsky-Schneider, Ulrike (2005): Das S.I.G.N.A.L. – Interventionsprogramm gegen Gewalt an Frauen. In: Bundesgesundheitsblatt – Gesundheitsforschung – Gesundheitsschutz: Schlaf und Gesundheit. Band 48. Ausgabe 3. Berlin: Springer Medizin. S. 329-336.

Hellwig, Silke (2008): Zur Vereinbarkeit von Competency-Based Training (CBT) und Berufsprinzip. Konzepte der Berufsbildung im Vergleich. Wiesbaden: VS.

Henschel, Angelika (2012): Erziehungs- und Bildungspartnerschaften – ein Thema für die Frauenhausarbeit? Chancen und Herausforderungen in der Arbeit mit von häuslicher Gewalt betroffenen Müttern und ihren Kindern. In: Stange, Waldemar; Krüger, Wolf; Henschel, Angelika; Schmitt, Christof (Hrsg.): Erziehungs- und Bildungspartnerschaften. Grundlagen und Strukturen von Elternarbeit. Wiesbaden: VS. S. 345-352.

Hirigoyen, Marie-France (2006): Warum tust du mir das an? Gewalt in Partnerschaften. München: Beck.

Hohendorf, Ines (2014): Bewältigungsstrategien von Frauen und Männern bei Partnergewalt. Auswertung und Analyse zu den unmittelbaren Reaktionen und den Verhaltensweisen beeinflussenden Faktoren bei Gewalt in heterosexuellen Paarbeziehungen. In: Kinzig, Jörg; Kerner, Hans-Jürgen (Hrsg.). Tübinger Schriften und Materialien zur Kriminologie. Tübingen: Institut für Kriminologie der Universität Tübingen. Online: https://publikationen.uni-tuebingen.de/xmlui/bitstream/handle/10900/43771/pdf/TueKrim_Band_25_Hohendorf.pdf?sequence=1&isAllowed=y (20.08.2014).

Homberg, Claudia; Schröttle, Monika; Bohne, Sabine; Khelaifat, Nadia; Pauli, Andrea (2008): Gesundheitliche Folgen von Gewalt unter besonderer Berücksichtigung von häuslicher Gewalt gegen Frauen. In: Robert-Koch-Institut. Statistisches Bundesamt. Gesundheitsberichterstattung des Bundes. Heft 42. Berlin.

S. 5-52. Online: http://edoc.rki.de/documents/rki_fv/ren4T3cctjHcA/PDF/26 Herxag1MT4M_27.pdf (24.08.2014).

Honig, Michael-Sebastian (1986): Verhäuslichte Gewalt. Sozialer Konflikt, wissenschaftliche Konstrukte, Alltagswissen, Handlungssituationen. Eine Explorativstudie über Gewalthandeln von Familien. Frankfurt am Main: Suhrkamp.

Hopf, Christel (1995): Qualitative Interviews in der Sozialforschung. Ein Überblick. In: Flick, Uwe; Kardorff, Ernst von; Keupp, Heiner; Rosenstiel, Lutz von; Wolff, Stephan (Hrsg.): Handbuch Qualitative Sozialforschung. Grundlagen, Konzepte, Methoden und Anwendungen. 3. Auflage. Weinheim: Psychologie Verlags Union. S. 177-182.

Imbusch, Peter (2010): Jugendgewalt in Entwicklungsländern – Hintergründe und Erklärungsmuster. In: Imbusch, Peter: Jugendliche als Täter und Opfer von Gewalt. Wiesbaden: VS.

Imbusch, Peter (2002): Der Gewaltbegriff. In: Heitmeyer, Wilhelm; Hagan, John (Hrsg.): Internationales Handbuch der Gewaltforschung. Wiesbaden: Westdeutscher Verlag. S. 26-57.

Jerusalem, Matthias (1997): Grenzen der Bewältigung. In: Tesch-Römer, Clemens; Salewski, Christel; Schwarz, Gudrun (Hrsg.): Psychologie der Bewältigung. Weinheim: Psychologie Verlags Union. S. 261-271.

Johnson, Michael P. (1995): Patriarchal terrorism and common couple violence. In: Journal of Marriage and the Family. Vol. 57. No. 2. pp. 283-294.

Kaiser, Ingrid (2012): Gewalt in häuslichen Beziehungen. Sozialwissenschaftliche und evolutionsbiologische Positionen im Diskurs. Wiesbaden: VS.

Kaluza (2002): Stressbewältigung. In: Schwarzer, Ralf; Jerusalem, Matthias; Weber, Hannelore (Hrsg.): Gesundheitspsychologie von A bis Z. Ein Handwörterbuch. Göttingen. Bern. Toronto. Seattle: Hogrefe. S. 574-578.

Kaselitz, Verena; Lercher, Lisa (2002): Gewalt in der Familie – Rückblick und neue Herausforderungen. Gewaltbericht 2001. In: Bundesministerium für soziale Sicherheit und Generationen. Wien. Online: http://www.gewaltinfo.at/uploads/pdf/bmask_gewaltbericht_2002.pdf (24.08.2014).

Kavemann, Barbara (2005): Gemeinsam gegen häusliche Gewalt: Kooperation, Intervention, Begleitforschung. In: Kerner, Hans-Jürgen; Marks, Erich (Hrsg.): Internetdokumentation Deutscher Präventionstag. Hannover. S. 2-14. Online:

http://www.praeventionstag.de/html/GetDokumentation.cms?XID=135 (24.08.2014).

Kleining, Gerhard (1995): Methodologie und Geschichte qualitativer Sozialforschung. In: Flick, Uwe; Kardorff, Ernst von; Keupp, Heiner; Rosenstiel, Lutz von; Wolff, Stephan (Hrsg.): Handbuch Qualitative Sozialforschung. Grundlagen, Konzepte, Methoden und Anwendungen. 3. Auflage. Weinheim: Psychologie Verlags Union. S. 11-22.

Knoblauch, Hubert (2006): Transkription. In: Bohnsack, Ralf; Marotzki, Winfried; Meuser, Michael (Hrsg.): Hauptbegriffe Qualitativer Sozialforschung. 2. Auflage. Opladen. Farmington Hills: Barbara Budrich. S. 159-160.

Koelges, Barbara (2002): Opferzeuginnenbetreuung bei Solwodi e.V. In: Koelges, Barbara; Thoma, Birgit; Welter-Kaschub, Gabriele: Probleme der Strafverfolgung und des Zeuginnenschutzes in Menschenhandelsprozessen – eine Analyse von Gerichtsakten. In: SOLWODI e.V. (Hrsg.). Boppard: Books on Demand. S. 149-164.

Kolat, Dilek (2013): Häusliche Gewalt gegen Frauen darf keine Privatsache sein. In: Berliner Morgenpost. Online: http://www.morgenpost.de/berlin-aktuell/article121985149/Haeusliche-Gewalt-gegen-Frauen-darf-keine-Privatsache-sein.html (24.08.2014).

Kolk, Bessel A. van der; Streeck-Fischer, Annette (2002): Trauma und Gewalt bei Kindern und Heranwachsenden. Eine entwicklungspsychologische Perspektive. In: Heitmeyer, Wilhelm; Hagan, John (Hrsg.): Internationales Handbuch der Gewaltforschung. Wiesbaden: Westdeutscher Verlag. S. 1020-1040.

Korittko, Alexander (2013): Wenn die Wunde verheilt ist, schmerzt die Narbe. In: Feldmann, Reinhold; Michalowski, Gisela; Lepke, Katrin; FASD Deutschland e. V. (Hrsg.): Perspektiven für Menschen mit Fetalen Alkoholspektrumsstörungen (FASD). Einblicke – Ausblicke. 14. Fachtagung in Erfurt 28.-29.09.2012. Idstein: Schulz Kirchner. S. 95-106.

Lamnek, Siegfried; Luedtke, Jens; Ottermann, Ralf; Vogl, Ralf (2013): Tatort Familie. Häusliche Gewalt im gesellschaftlichen Kontext. 3. Auflage. Wiesbaden: Springer VS.

Lamnek, Siegfried (2005): Qualitative Sozialforschung. Lehrbuch. 4. Auflage. Weinheim. Basel: Beltz.

Lamnek, Siegfried (1995): Qualitative Sozialforschung. Methoden und Techniken. Band 2. 3. Auflage. Weinheim: Psychologie Verlags Union.

Landtag Nordrhein-Westfalen (Hrsg.) (2004): Zukunft einer frauengerechten Gesundheitsversorgung in NRW. Bericht der Enquetekommission des Landtags Nordrhein-Westfalen. Wiesbaden: VS.

Lazarus, Richard S. (2005): Stress, Bewältigung und Emotionen: Entwicklung eines Modells. In: Hill Rice, Virginia (Hrsg.): Stress und Coping. Lehrbuch für Pflegepraxis und -wissenschaft. Bern: Hans Huber. S. 231- 263.

Lazarus, Richard S. (1991): Emotion and Adaption. New York. Oxford: Oxford University Press.

Lazarus, Richard S.; Folkman, Susan (1984): Stress, Appraisal and Coping. New York: Springer.

Lazarus, Richard S.; Launier, Raymond (1981): Streßbezogene Transaktionen zwischen Personen und Umwelt. In: Nitsch, Jürgen R. (Hrsg.): Stress. Theorien, Untersuchungen, Maßnahmen. Bern. Stuttgart. Wien: Hans Huber. S. 213-259.

Lee, Young-Yi (2000): Bewältigungsbemühungen mißhandelter Frauen. Vulnerabilitäts- und Resilienzfaktoren bezüglich psychosomatischer Beschwerden. Trier. Online: http://ubt.opus.hbz-nrw.de/volltexte/2004/177/pdf/20001023.pdf (24.08.2014).

Lehmann, Nadja (2008): Migrantinnen im Frauenhaus. Biographische Perspektiven auf Gewalterfahrungen. Rekonstruktive Forschung in der Sozialen Arbeit. Band 6. Opladen. Farmington Hills: Barbara Budrich.

Leppin, Anja (1997): Streßeinschätzung, Copingverhalten und Copingerfolg: Welche Rolle spielen Ressourcen? In: Tesch-Römer, Clemens; Salewski, Christel; Schwarz, Gudrun (Hrsg.): Psychologie der Bewältigung. Weinheim: Psychologie Verlags Union. S. 196-208.

Leuze-Mohr, Marion (2005): Rechtliche Regelungen – Anzeigeverhalten der Opfer. Das rechtliche Maßnahmensystem bei häuslicher Gewalt und die Berücksichtigung des Anzeigeverhaltens der Opfer als wirksames Opferschutzsystem. In: Kury, Helmut; Obergfell-Fuchs, Joachim (Hrsg.): Gewalt in der Familie. Für und Wider den Platzverweis. Freiburg im Breisgau: Lambertus. S. 143-168.

Mark, Heike (2001): Häusliche Gewalt gegen Frauen. Ergebnisse einer Befragung niedergelassener Ärztinnen und Ärzte. Marburg: Tectum.

Maurer, Alfons (2009): Gewalt in Familien. In: Oetker-Funk, Renate; Maurer, Alfons (Hrsg.): Interkulturelle psychologische Beratung. Entwicklung und Praxis eines migrantensensiblen Konzeptes. Norderstedt: Books on Demand. S. 148-159.

Mayring, Philipp (2010): Qualitative Inhaltsanalyse. Grundlagen und Techniken. 11. Auflage. Weinheim und Basel: Beltz.

Mayring, Philipp (2002): Einführung in die qualitative Sozialforschung. Eine Anleitung zu qualitativem Denken. 5. Auflage. Weinheim. Basel: Beltz.

Meuser, Michael (2010): Geschlechtersoziologie. In: Kneer, Georg; Schroer, Markus (Hrsg.): Handbuch spezielle Soziologien. Wiesbaden: VS. S. 145-162.

Meuser, Michael; Nagel, Ulrike (2009a): Das Experteninterview – konzeptionelle Grundlagen und methodische Anlagen. In: Pickel, Susanne; Pickel, Gert; Lauth, Hans-Joachim; Jahn, Detlef (Hrsg.): Methoden der vergleichenden Politik- und Sozialwissenschaften. Neue Entwicklungen und Anwendungen. Wiesbaden: VS. S. 465-480.

Meuser, Michael; Nagel, Ulrike (2009b): Experteninterview und der Wandel der Wissensproduktion. In: Bogner, Alexander; Littig, Beate; Menz, Wolfgang (Hrsg.): Experteninterviews. Theorien, Methoden, Anwendungsfelder. 3. Auflage. Wiesbaden: VS. S. 35-60.

Middecke-Sartorius, Barbara (2003): Häusliche Gewalt. In: Solwodi e.V. (Hrsg.): Grenzüberschreitendes Verbrechen – Grenzüberschreitende Zusammenarbeit. Schutz, Beratung und Betreuung von Gewalt- und Menschenhandelsopfern. Ein Handbuch für die Praxis. Norderstedt: Books on Demand. S. 44-49.

Midlarsky, Elizabeth (1991): Helping as Coping. In: Clark, Margaret S. (Ed.): Prosocial Behavior. Newbury Park. London. New Delhi: Sage. pp. 238-264.

Möller, Jens; Trautwein, Ulrich (2009): Selbstkonzept. In: Wild, Elke; Möller, Jens (Hrsg.): Pädagogische Psychologie. Heidelberg: Springer Medizin. S. 179-204.

Müller, Ursula; Schröttle, Monika (2004): Lebenssituation, Sicherheit und Gesundheit von Frauen in Deutschland. Eine repräsentative Untersuchung zu Gewalt gegen Frauen in Deutschland. Im Auftrag des Bundesministeriums für Familie, Senioren, Frauen und Jugend. In: Bundesministerium für Familie, Senioren,

Frauen und Jugend. Online: http://www.bmfsfj.de/RedaktionBMFSFJ/Abteilung4/Pdf-Anlagen/langfassung-studie-frauen-teil-eins,property=pdf,bereich=bmfsfj,sprache=de,rwb=true.pdf (24.08.2014).

Myke, Erika; Jordan, Monica (2010): Häusliche Gewalt. Hintergründe verstehen, Betroffene begleiten und unterstützen. In: Färber, Hans-Peter; Seyfarth, Thomas; Blunck, Annette; Vahl-Seyfarth, Ellen, Leibfritz, Joachim (Hrsg.): Umgang mit Lebenskrisen. Verstehen – Begleiten – Bewältigen. Mössingen: KBF. S. 171-182.

Nave-Herz, Rosemarie; Onnen-Isemann, Corinna (2007): Familie. In: Joas, Hans (Hrsg.): Lehrbuch der Soziologie. 3. Auflage. Frankfurt am Main: Campus. S. 313-336.

Ney, Margarete (2005): Orte Gesellschaftlichen Lernens. Frauenhäuser in Luxemburg als Aufgabenfeld der katholischen Kirche. Frankfurt am Main: Peter Lang.

Nummer-Winkler, Gertrud (2004): Überlegungen zum Gewaltbegriff. In: Heitmeyer, Wilhelm; Soeffner, Hans-Georg (Hrsg.): Gewalt. Frankfurt am Main: Suhrkamp. S. 21-61.

Ohl, Dagmar (2002): Häusliche Gewalt – Beschreibung eines gesellschaftlichen Problems. In: Berliner Forum Gewaltprävention. Berlin. Nr. 1. S. 10-23. Online: http://www.berlin.de/imperia/md/content/lb-lkbgg/praevention/haeuslichegewalt/erscheinungsformen/01_ohl.pdf?start&ts=1189089833&file=01_ohl.pdf (06.12.2014)

Peichl, Jochen (2008): Destruktive Paarbeziehungen. Das Trauma intimer Gewalt. Stuttgart: Klett-Cotta.

Pfadenhauer, Michaela (2009): Auf gleicher Augenhöhe. Das Experteninterview - ein Gespräch zwischen Experte und Quasi-Experte. In: Bogner, Alexander; Littig, Beate; Menz, Wolfgang (Hrsg.): Experteninterviews. Theorien, Methoden, Anwendungsfelder. 3. Auflage. VS: Wiesbaden. S. 99-116.

Pflegerl, Johannes; Cizek, Brigitte (2001): Erklärungsansätze für das Phänomen Gewalt in der Familie. In: Bundesministerium für Soziale Sicherheit und Generationen (Hrsg.): Gewalt in der Familie. Gewaltbericht 2001. Von der Enttabuisierung zur Professionalisierung. Wien. S. 36-55. Online: http://de.wikimannia.org/images/Bericht-zu-Gewalt-in-der-Familie-AT.pdf#page=37 (24.08.2014).

Literaturverzeichnis

Popitz, Heinrich (1992): Phänomene der Macht. 2. Auflage. Tübingen: J.C.B. Mohr.

Raithel, Jürgen; Dollinger, Bernd; Hörmann, Georg (2009): Einführung Pädagogik. Begriffe. Strömungen. Klassiker. Fachrichtungen. 3. Auflage. Wiesbaden: VS.

Raschke, Joachim; Tils, Ralf (2007): Politische Strategie. Eine Grundlegung. Wiesbaden: VS.

Reisenzein, Rainer; Greifswald; Horstmann, Gernot; Bielefeld (2006): Emotionen. In: Spada, Hans (Hrsg.): Lehrbuch Allgemeine Psychologie. 3. Auflage. Bern: Hans Huber. S. 435-500.

Romito, Patrizia (2008): A Deafening Silence. Hidden violence against women and children. Bristol: The Police Press.

Rothermund, Klaus; Brandtstädter, Jochen (1997): Entwicklung und Bewältigung: Festhalten und Preisgeben von Zielen als Formen der Bewältigung von Entwicklungsproblemen. In: Tesch-Römer, Clemens; Salewski, Christel; Schwarz, Gudrun (Hrsg.): Psychologie der Bewältigung. Weinheim: Psychologie Verlags Union. S. 120-133.

Scherer, Klaus R. (1997): Emotionen. In: Stroebe, Wolfgang; Hewstone, Miles; Stephenson, Geoffrey M. (Hrsg.): Sozialpsychologie. Eine Einführung. 3. Auflage. Berlin. Heidelberg: Springer. S. 293-330.

Schirmer, Dominique (2009): Empirische Methoden der Sozialforschung. Paderborn: Wilhelm Fink.

Schmidtchen, Stefan (2007): Familie, Familientherapie und Beratung. In: Ecarius, Jutta (Hrsg.): Handbuch Familie. Wiesbaden: VS. S. 653-668.

Schnell, Rainer; Hill, Paul B.; Esser, Elke (2011): Methoden der empirischen Sozialforschung. 9. Auflage. München: Oldenbourg.

Scholl, Armin (2003): Die Befragung. Konstanz: UVK.

Schröder, Kerstin E. E.; Schwarzer, Ralf (1997): Bewältigungsressourcen. In: Tesch-Römer, Clemens; Salewski, Christel; Schwarz, Gudrun (Hrsg.): Psychologie der Bewältigung. Weinheim: Psychologie Verlags Union. S. 174-195.

Schwarz, Gudrun; Salewski, Christel; Tesch-Römer, Clemens (1997): Psychologie der Bewältigung – Variationen über ein altbekanntes Thema? In: Tesch-Römer, Clemens; Salewski, Christel; Schwarz, Gudrun (Hrsg.): Psychologie der Bewältigung. Weinheim: Psychologie Verlags Union. S. 1-6.

Schwarzer, Ralf (2002): Bewältigung, proaktive. In: Schwarzer, Ralf; Jerusalem, Matthias; Weber, Hannelore (Hrsg.): Gesundheitspsychologie von A bis Z. Ein Handwörterbuch. Göttingen. Bern. Toronto. Seattle: Hogrefe. S. 45-48.

Seith, Corinna (2003): Öffentliche Interventionen gegen häusliche Gewalt. Zur Rolle von Polizei, Sozialdienst und Frauenhäusern. Frankfurt am Main. New York: Campus.

Steinert, Erika; Straub, Ute (1988): Interaktionsort Frauenhaus. Möglichkeiten und Grenzen eines feministischen Projekts. Heidelberg: Wunderhorn.

Stövesand, Sabine (2010): Gewalt im Geschlechterverständnis. Wieso, weshalb, was tun? In: Bereswill, Mechthild; Stecklina, Gerd (Hrsg.): Geschlechterperspektiven für die Soziale Arbeit. Zum Spannungsverhältnis von Frauenbewegungen und Professionalisierungsprozessen. Weinheim. München: Juventa. S. 81-102.

Stövesand, Sabine (2007): Mit Sicherheit Sozialarbeit! Gemeinwesenarbeit als innovatives Konzept zum Abbau von Gewalt im Geschlechterverhältnis unter den Bedingungen neoliberaler Gouvernemenatlität. Hamburg: LIT.

Strübing, Jörg (2013): Qualitative Sozialforschung. Eine komprimierte Einführung für Studierende. München: Oldenbourg.

Takano, Yoshiyuki (2006): Coping with domestic violence by Japanese Canadian women. In: Wong, Paul T.P.; Wong, Lilian C.J. (Ed.): Handbook of Multicultural Perspectives on Stress and Coping. USA: Springer. pp. 319-360.

Tedeschi, James T. (2002): Die Sozialpsychologie von Aggression und Gewalt. In: Heitmeyer, Wilhelm; Hagan, John (Hrsg.): Internationales Handbuch der Gewaltforschung. Wiesbaden: Westdeutscher Verlag. S. 573-597.

TERRE DES FEMMES. Menschenrechte für die Frau e.V. (2013): Folgen Häuslicher Gewalt. Berlin. Online: https://www.frauenrechte.de/online/index.php/themen-und-aktionen/haeusliche-und-sexualisierte-gewalt/146-was-ist-haeusliche-gewalt/293-folgenhaeuslichergewalt (24.08.2014).

Toprak, Ahmet (2010): Integrationsunwillige Muslime? Ein Milieubericht. Freiburg im Breisgau: Lambertus.

Trautner, Hanns Martin (1992): Lehrbuch der Entwicklungspsychologie. Grundlagen und Methoden. Band 1. 2. Auflage. Hogrefe: Göttingen.

Trotha, Trutz von (1997): Zur Soziologie der Gewalt. In: Trotha, Trutz von (Hrsg.): Soziologie der Gewalt. Sonderheft 37 der Kölner Zeitschrift für Soziologie und Sozialpsychologie. Opladen. Wiesbaden: Westdeutscher Verlag. S. 9-56.

Ulich, Dieter (2003): Gegenstandsbestimmung und Fragestellungen der Emotionspsychologie. In: Ulich, Dieter; Mayring, Philipp: Psychologie der Emotionen. 2. Auflage. Stuttgart: Kohlhammer.

Urscheler, Ursula (2002): Weshalb bleiben Frauen? Erkenntnisse aus der Betreuung misshandelter Frauen. In: Mitteilungen zum Familienrecht. Sonderheft Häusliche Gewalt. St. Gallen. S. 17-21. Online: http://www.gerichte.sg.ch/home/ dienstleistungen/nuetzliche_informationen/mitteilungen_zum_familienrecht/ Mitteilungen_zum_Familienrecht/_jcr_content/Par/downloadlist_0/DownloadListPar/download.ocFile/Mitteilungen%20zum%20Familienrecht%20-% 20Sonderheft%20H%C3%A4usliche%20Gewalt.pdf (24.08.2014).

Vopel, Klaus W. (2006). Expressives Schreiben. Ein Programm zur seelischen Immunisierung. Salzhausen: Iskopress.

Walker, Leonore E. A. (2009): The Battered Woman Syndrom. 3. Edition. New YorkSpringer.

Weber, Hannelore (1997): Zur Nützlichkeit des Bewältigungskonzeptes. In: Tesch-Römer, Clemens; Salewski, Christel; Schwarz, Gudrun (Hrsg.): Psychologie der Bewältigung. Weinheim: Psychologie Verlags Union. S. 7-16.

Wendt, Susanne (2013): Strategisches Portfoliomanagement in dynamischen Technologiemärkten. Entwicklung einer Portfoliomanagement-Konzeption für TIME-Unternehmen. Wiesbaden: Gabler.

Wieners, Karin (2011): Frauenhäuser. In: Deutscher Verein für öffentliche und private Fürsorge (Hrsg.): Fachlexikon der sozialen Arbeit. 7. Auflage. Baden-Baden: Nomos. S. 307.

Wolz, Hanna (2009): „Wenn der Papa die Mama haut". Kinder im Kontext elterlicher Partnergewalt. In: Friedrich, Sibylle; Tetens, Jakob (Hrsg.): Umgang mit Konflikten und Gewalt an der Schnittstelle zwischen Psychologie, Pädagogik und Sozialer Arbeit. Morrisville: Lulu.com

Zandl, Ruth (2011): Emotion und Kognition – Evaluation von emotionalem Bildmaterial unter Berücksichtigung von Emotionsregulation und Kontrollüberzeugung. Wien. Online: http://othes.univie.ac.at/16041/1/2011-08-31_0100973.pdf (24.08.2014).

Zentrale Informationsstelle Autonomer Frauenhäuser (o. J.): Autonome Frauenhäuser. Bonn. Online: http://www.autonome-frauenhaeuser-zif.de/de/content/autonome-frauenh%C3%A4user (26.11.2014).

Anhang

Interviewleitfragen

Einführung
- Du arbeitest im Frauenhaus. Kannst Du mir kurz von deiner Arbeit erzählen?
- Welche Veränderungen stellst du bei den Frauen zu Beginn und Ende des Frauenhausaufenthaltes fest?

Bewältigung innerhalb der Gewaltbeziehung
- Wie verhalten sich die Frauen deines Wissens nach, innerhalb ihrer Misshandlungsbeziehung gegenüber ihrem Partner nach Gewalthandlungen?
- Wie bewältigen die Frauen die Gewalt ihres Partners, deines Wissens nach?
- Wie würdest du die Gewaltbewältigungsformen der Frauen beschreiben?
- Was denkst du, was die Frauen mit den Gewaltbewältigungsformen erreichen wollen?
- Wovon ist deines Wissens die Wahl der Bewältigungsform der Frauen abhängig?
- Was unterstützt positiv den aktiven/selbstbestimmten Umgang mit Gewalt der Frauen?
- Wie haben sich die Bewältigungsformen der Frauen im Laufe der Misshandlungsbeziehung verändert, deiner Erfahrung nach?
- Wie schätzt du den Umgang mit Gewalt der Frauen ein?

Bewältigung im Frauenhaus und nach der Trennung
- Welche Gewaltbewältigungsformen haben die Frauen nach deiner Erfahrung während des Frauenhausaufenthaltes gelernt?
- Wie hast du die Gewaltbewältigungsformen gemeinsam mit den Frauen während ihres Frauenhausaufenthaltes weiterentwickelt?
- Wie schätzt du die im Frauenhaus gelernte Gewaltbewältigung der Frauen ein?
- Wie können die Frauen ihre Gewaltbewältigungsformen selbstständig verbessern? Gibst Du ihnen Ratschläge?
- Welche Unterschiede kannst du zwischen den Gewaltbewältigungsformen in der Misshandlungsbeziehung und in neuen Partnerschaften feststellen?

Trennung
- Was sind nach deiner Erfahrung die Gründe für das Festhalten an der Gewaltbeziehung?
- Was war deines Wissens nach, der Auslöser für eine Trennung?

Abschluss
- Ist dir etwas aufgefallen, was noch nicht angesprochen wurde oder möchtest du noch etwas ergänzen?

Centaurus Buchtipp

Lisa Meyer

Kindeswohl für alle?

Eine beispielhafte Analyse des Umgangs mit dem Kindeswohl von Unbegleiteten Minderjährigen Flüchtlingen in Deutschland

Gender and Diversity, Band 17, 2014, 114 S., br., ISBN 978-3-86226-217-7, € **17,80**

Wie wird mit minderjährigen Flüchtlingen umgegangen, die unbegleitet nach Deutschland einreisen? Diese haben eine oft monatelange Reise hinter sich und hoffen in der Fremde auf ein geschütztes Leben ohne Verfolgung, Leid und Krieg.

Artikel 3 der UN-Kinderrechtskonvention besagt: *„Bei allen Maßnahmen, die Kinder betreffen, gleichviel ob sie von öffentlichen oder privaten Einrichtungen der sozialen Fürsorge, Gerichten, Verwaltungsbehörden oder Gesetzgebungsorganen getroffen werden, ist das Wohl des Kindes ein Gesichtspunkt, der vorrangig zu berücksichtigen ist."* Was *„vorrangig"* bedeutet, scheint in der deutschen Realität allerdings Auslegungssache zu sein. Im Jahr 2010 nahm Deutschland seine Vorbehalte gegen die UN-Kinderrechtskonvention zurück. Somit galt sie erstmalig auch für Flüchtlingskinder.

Das vorliegende Buch widmet sich der Frage, ob ihr Kindeswohl, trotz verschärftem Asylrecht, ausreichend Beachtung finden kann. Von großer Bedeutung ist dabei die Rolle der Kinder- und Jugendhilfe und der einzelnen SozialarbeiterInnen. Denn seit 2005 müssen nach §42 SGBVIII Abs. 1 S.3 alle Unbegleiteten Minderjährigen Flüchtlinge in Obhut genommen werden. Der Komplex der Inobhutnahme umfasst vielschichtige Handlungsweisen, welche zentraler Bestandteil des Buches sind.

Diese Arbeit soll dazu beitragen, eine Übersicht der rechtlichen Grundlagen sowie ihrer derzeitigen praktischen Umsetzung zu schaffen und somit wissenschaftlich nutzbar zu machen. Es wird dazu aufgefordert, dass die soziale Arbeit ihr wissenschaftliches Profil schärft und dem aktuellen Datenmissstand entgegenwirkt. Zudem wird die Bedeutung der Schlüsselkompetenzen der sozialen Arbeit für die Arbeit mit Flüchtlingskindern besonders hervorgehoben.

www.centaurus-verlag.de

Gender and Diversity

Bircan Kocabas
Familien mit türkischen Wurzeln in der Kinder- und Jugendhilfe
Eine empirische Untersuchung zur Sozialpädagogischen Familienhilfe
Band 15, 2014, 233 S., br.,
ISBN 978-3-86226-258-8, **€ 24,80**

Katharina Steinbeck, Nicole Kastirke
Zwei Mütter / Zwei Väter
Über die Besonderheiten in einem normalen Familienalltag
Band 14, 2014, 81 S., br.,
ISBN 978-3-86226-261-8, **€ 17,80**

Silke Remiorz
Gender Mainstreaming in der Kommunalpolitik
Eine empirische Analyse im Kontext von Migration und Integration
Band 12, 2014, 233 S., br.,
ISBN 978-3-86226-253-3, **€ 24,80**

Almut Kipp
»Alltagswelten« obdachloser Frauen
Theaterpädagogik als Methodik der (Re)Integration
Band 11, 2013, 204 S., br.,
ISBN 978-3-86226-248-9, **€ 24,80**

Miriam Soudani
»Männer schlagen keine Frauen?! – Und umgekehrt?«
Das Gewaltverhalten von Mädchen und jungen Frauen
Band 10, 2013, 270 S., br.,
ISBN 978-3-86226-218-2, **€ 24,80**

Nicole Majdanski
Männer »doing« Gender!
Väter in Elternzeit
Band 9, 2012, 135 S.,
ISBN 978-3-86226-192-5, **€ 19,80**

Marlene Alshut
Gender im Mainstream?
Geschlechtergerechte Arbeit mit Kindern und Jugendlichen
Band 8, 2012, 190 S.,
ISBN978-3-86226-191-8, **€ 20,80**

Ümit Koşan
Interkulturelle Kommunikation in der Nachbarschaft
Zur Analyse der Kommunikation zwischen den Nachbarn mit türkischem und deutschem
Hintergrund in der Dortmunder Nordstadt
Band 7, 2012, 248 S.,
ISBN 978-3-86226-177-2, **€ 25,80**

Informationen und weitere Titel unter **www.centaurus-verlag.de**